Heidrun Huber
Filmrecht für Dokumentarfilm, Doku-Drama,
Reportage und andere Non-Fiction-Formate

W0177917

Heidrun Huber

Filmrecht für Dokumentarfilm, Doku-Drama, Reportage und andere Non-Fiction-Formate

UVK Verlagsgesellschaft mbH

Praxis Film
Band 62

Bibliografische Information der Deutschen Nationalbibliothek
Die Deutsche Nationalbibliothek verzeichnet diese Publikation in der Deutschen
Nationalbibliografie; detaillierte bibliografische Daten sind im Internet über
http://dnb.d-nb.de abrufbar.

ISSN 1617-951X
ISBN 978-3-86764-228-6

Disclaimer
Der Inhalt dieses Buches wurde mit Sorgfalt erstellt. Dennoch können Unrichtigkeiten
nicht ausgeschlossen werden. Verlag und Autorin übernehmen keine Haftung für die
Richtigkeit und Vollständigkeit der Ausführungen. Wenn Sie Unrichtigkeiten entdecken oder
Verbesserungsvorschläge haben, wenden Sie sich gern unter DrHeidrunHuber@aol.com an
die Autorin.

© UVK Verlagsgesellschaft mbH, Konstanz 2011
Einbandgestaltung: Susanne Fuellhaas, Konstanz
Einbandfoto: © Istockphoto Inc.
Lektorat: Maria Grohme-Eschweiler, Gräfelfing
Druck: fgb · freiburger graphische betriebe, Freiburg

UVK Verlagsgesellschaft mbH
Schützenstr. 24 · D-78462 Konstanz
Tel.: 07531-9053-0 · Fax: 07531-9053-98
www.uvk.de

Inhalt

Vorwort und Danksagung

Das vorliegende Buch gibt Filmschaffenden im dokumentarischen Bereich Antworten auf die wichtigsten Rechtsfragen. Ich habe die Inhalte einfach und übersichtlich formuliert, so dass es ohne Vorkenntnisse verstanden werden kann.

Nehmen Sie dieses Buch als praktisches Hilfsmittel. Ziehen Sie es bei Bedarf zu Rate und lesen Sie an den Stellen nach, die Sie gerade interessieren.

Mein besonderer Dank gilt Herrn Professor Manfred Heid und Herrn Professor Heiner Stadler, die mir wertvolle Tipps gegeben haben. Besonders danken möchte ich auch Markus Breimaier, der mir aufgrund seiner langjährigen Erfahrung im Bereich der Herstellung von Dokumentarfilmen zahlreiche Hinweise zur tagtäglichen Praxis geben konnte. Dank auch an meine Lektorin Sonja Rothländer und an Susanne Fuellhaas für die Gestaltung des Covers, an Gunter Hanfgarn, Walter Brun und German Kral für ihre hilfreichen Hinweise und an alle Freunde, Bekannte und Kollegen, die mir mit Rat und Tat bei der Erstellung dieses Buches zur Seite standen.

München im März 2011   *Dr. Heidrun Huber*

Rechte am Thema

1. Sind tatsächliche Geschehnisse urheberrechtlich geschützt?

Ein halbes Jahr haben Sie auf diesen Anruf gewartet. In dieser Zeit haben Sie Ihr Thema recherchiert – allerdings nur in der Theorie. Nun ist die Hagelabwehr am Telefon und bietet Ihnen an, einen Hagelabwehrflug in der Praxis mitzuerleben. Bei einem solchen Flug werden bestimmte Stoffe in die Wolken versprüht, um so der Bildung großer gefährlicher Hagelkörner entgegen zu wirken. In Ihrem Dokumentarfilm über die Hagelabwehrflieger soll der Flug einen großen Raum einnehmen.

Mit diesem spannenden Thema wecken Sie das Interesse eines Redakteurs, erhalten einen Auftragsproduktionsvertrag für eine 43-minütige Dokumentation und beginnen mit den Vorbereitungen. Während der Dreharbeiten dann der Schock: Ein Mitarbeiter der Hagelfliegerabwehr informiert Sie darüber, dass ein Fernsehteam eines anderen Senders vor Ort bei den Hagelfliegern gefilmt und Interviews geführt hat.

Sofort rufen Sie Ihren Redakteur an und beraten mit diesem, wie Sie verhindern können, dass die andere Filmproduktion die Reportage vor Ausstrahlung Ihres Filmes sendet. Aber können Sie die Herstellung und Ausstrahlung der anderen Produktion wirklich unterbinden?

Urheberrechtlicher Schutz setzt eine geistig-schöpferische Leistung eines Menschen im Bereich Literatur, Wissenschaft oder Kunst voraus. Tatsächliche Ereignisse werden jedoch von niemandem geschaffen, sie beruhen nicht auf geistig-schöpferischer Tätigkeit eines Menschen. Somit erwerben Sie niemals ein Urheberrecht an den tatsächlichen Ereignissen, auf die Sie Ihre Geschichte aufbauen oder von denen Sie sich inspirieren lassen. Die Wiedergabe von Fakten ist urheberrechtlich nicht geschützt. Jeder kann einen Film über Hagelabwehrflieger machen.

Bei dem nachfolgend geschilderten Fall ging es um reales Geschehen, das ein Straftäter zwei Autoren geschildert hatte. Diese erstellten Protokolle und Rainer Werner Fassbinder verfilmte Teile daraus unter dem Titel »Ich will doch nur, dass Ihr mich liebt«.

Der betreffende Straftäter war zu lebenslänglicher Haft wegen Tötung eines Ehepaars verurteilt worden. Die Autoren, die die Interviews geführt hatten, erstellten daraus eine in Ich-Form gestaltete chronologische Erzählung, in der die Interview-

Angaben des Täters gekürzt, sprachlich geglättet und teilweise neu formuliert worden waren. Die Erzählung wurde als Protokoll Nr. 2 in dem Buch mit dem Titel »Peter Jörnschmidt, Lebenslänglich Protokolle aus der Haft« veröffentlicht. Im Jahre 1975 erwarb ein Produzent von den beiden Autoren die Rechte, einen Fernsehfilm herzustellen und zu verbreiten. Zeitlich war dieser Vertrag auf acht Jahre beschränkt. Rainer Werner Fassbinder verfilmte die Geschichte 1976. Da der auf acht Jahre beschränkte Vertrag nicht verlängert wurde, lief er 1983 aus. Obwohl die Vertragszeit abgelaufen war, wurde der Film im Fernsehen und im Kino weiterhin gezeigt. Die Inhaberin der Autorenrechte wollte die Ausstrahlung des Films verbieten lassen. Sie erhob Klage. Erfolg hatte sie damit nicht. Der Inhalt des Protokolls Nr. 2 basiere auf den Angaben des Täters, so die Richter des Oberlandesgerichts München (Fundstelle: ZUM 1995, Seite 427 ff.). Mit diesen Angaben habe Peter Jörnschmidt das tatsächlich Geschehene mitgeteilt. Der Inhalt tatsächlicher Geschehnisse genieße jedoch keinen Urheberrechtsschutz. Das Protokoll Nr. 2 könne daher nicht als schutzfähige Fabel bewertet werden, denn es beschränke sich auf die Wiedergabe von Fakten. Diese Wiedergabe der Fakten sei keine eigenschöpferische Leistung der Autoren. Für die Autoren sei die Geschichte als historischer Ablauf vorgegeben gewesen, sie hätten frei benutzbares Gemeingut nacherzählt, das nicht auf ihrer persönlichen geistigen Schöpfung beruhe. Der Umstand, dass die Stoffsammlung als solche mit großer Mühe und erheblichem Zeitaufwand verbunden war, reiche nicht aus, die urheberrechtliche Schutzfähigkeit zu begründen.

Schutz würde aber die konkrete Form und Art der Sammlung, Einteilung, Anordnung und sprachliche Wiedergabe des vorgesehenen Stoffes genießen. Auf die konkrete Form der Sammlung habe Fassbinder jedoch nicht zurückgegriffen. Vielmehr habe er in seinem Film vom Protokoll nur insoweit Gebrauch gemacht, als es die Lebensgeschichte vom Täter Jörnschmidt betreffe und damit gemeinfrei sei.

Gegebenenfalls sind in solchen Fällen Persönlichkeitsrechte zu beachten. Mehr dazu im Kapitel »Persönlichkeitsrechte«.

2. Sind die Inhalte historischer oder religiöser Ereignisse geschützt?

Sie können über jeden historischen Vorgang oder auch über religiöse Ereignisse einen Film drehen. Niemand kann für sich ein Monopol auf einen geschichtlichen oder religiösen Inhalt beanspruchen.

In nachfolgender Entscheidung des Landgerichts Hamburg (Fundstelle: ZUM 2003, Seite 403 ff. – Die Päpstin) hatten die Richter die Aufgabe, ein Drehbuch über die »Päpstin Johanna« zu untersuchen. Dieses Drehbuch war ohne Einwilligung von Donna Woolfolk Cross, der Autorin des Bestsellers »Die Päpstin«, verfasst worden. Die Drehbuchautorin berief sich darauf, ihr Drehbuch nur auf Grundlage freier historischer Fakten und Überlieferungen verfasst zu haben.

Der Roman »Die Päpstin« hielt sich 189 Wochen in den deutschen Bestsellerlisten. Dies veranlasste die UFA, den Stoff für das Kino zu verfilmen. Sie holte das Einverständnis der Autorin Donna Woolfolk Cross ein und begann mit der Entwicklung des Drehbuchs. Damit jedoch war sie nicht allein. Eine andere deutsche Filmproduktionsfirma T. plante eine Fernsehserie über die »Päpstin Johanna«, allerdings ohne Einwilligung der Romanautorin. Das wollte sich Donna Woolfolk Cross nicht bieten lassen. Sie erhob Klage auf Unterlassung beim Landgericht Hamburg.

In dem Roman wird das Leben der Johanna von Ingelheim geschildert, einer Frau, die im Jahre 814 geboren und als Mann verkleidet in Fulda und Athen studiert haben soll. Als »Mönch« sei sie schließlich von Fulda aus nach Rom gezogen. Aufgrund ihrer großen Gelehrsamkeit sei sie nach dem Tode Leos des IV. im Jahre 855 zum Papst gewählt worden. Sie regierte als »Johannes Angelikus« und ließ fast alle Menschen glauben, dass sie ein Mann sei. Aber eben nur fast. Zumindest ein Mann muss ihr Geheimnis gekannt haben, denn sie wurde schwanger. Während einer Prozession soll die Geburt stattgefunden haben. Diese überlebte sie nicht. Über die Ursache ihres Ablebens kursieren zwei Varianten: Einige Quellen lassen vermuten, sie sei von der aufgebrachten Menge, die den Teufel entweichen sah, getötet worden, andere gehen davon aus, dass sie ohne fremde Einwirkung an den Folgen der Geburt gestorben sei.

Ob Johanna von Ingelheim tatsächlich gelebt hat oder ob es sich um eine Legende handelt, konnte die Wissenschaft bis heute nicht klären. Fest steht jedoch, dass diese Geschichte seit vielen hundert Jahren erzählt wird. Eine der ältesten Darstellungen stammt aus dem Jahre 1558. Seither ist die Figur Gegenstand zahlreicher literarischer und wissenschaftlicher Darstellungen. Auch zwei Filme, eine Kinoproduktion aus dem Jahre 1972 und ein Feature der BBC aus dem Jahre 2000, beschäftigten sich mit dem Thema.

Die Rechte für eine Adaption ihres Romans »Die Päpstin« hat Donna Woolfolk Cross an die UFA verkauft. In der Folgezeit musste sie feststellen, dass die Produktionsfirma T. in Koproduktion mit einer amerikanischen Produktionsfirma ebenfalls eine Verfilmung des Lebens der Johanna von Ingelheim plant, und zwar als TV-Serie. Dieser Serie soll ein Drehbuch mit dem Titel »Johanna the Pope« einer amerikanischen Autorin zugrunde liegen. Im deutschen Fernsehen sollte die Serie unter dem Titel »Die Päpstin Johanna« gesendet werden. Finanzgeber für die Serienproduktion war neben anderen die Degeto Film GmbH, Frankfurt. In der Verfilmung dieses Drehbuches sah Donna Woolfolk Cross eine Verletzung ihrer Rechte am Roman »Die

Päpstin«. Sie ging vor das Landgericht Hamburg und verlangte unter anderem Unterlassung der Verfilmung des Drehbuchs.

Die beklagte Produktionsfirma T. war sich allerdings keiner Schuld bewusst. Die Päpstin Johanna, so argumentierte sie, sei eine durch viele Quellen historisch belegte Figur. Historische Fakten und Überlieferungen seien aber frei, jeder dürfe sie verfilmen. Die Klägerin könne die Legende daher nicht für sich monopolisieren. Auch habe die amerikanische Drehbuchautorin den Roman der Klägerin nicht plagiiert. Vielmehr habe sie verschiedenste Quellen recherchiert und darauf aufbauend ihr Drehbuch nach einem eigenen Konzept verfasst.

Dagegen hielt die Klägerin mit folgenden Argumenten: Sie habe die Figur der Johanna erstmals als eine Persönlichkeit mit realem Charakter und individuellen Persönlichkeitsmerkmalen und Motivationen dargestellt, nämlich als eine »Pionierin der Frauenbewegung«. Ihre Johanna sei eine Frau mit dem Bewusstsein unserer Tage. Trotz der zahlreichen historischen Quellen habe sie, die Romanautorin, aus einer Vielfalt möglicher Charaktere und Szenen ausgewählt und zahlreiche Details erfunden. Dies seien eigenschöpferische und damit schutzfähige Leistungen. Nichts Neues, so die Beklagte. Bereits im BBC-Feature aus dem Jahr 2000 finde sich die Bewertung der Johanna von Ingelheim als »Pionierin der Frauenbewegung«.

Die Richter stellten zunächst klar, dass historisch vorgegebene Einzelheiten, die allgemein bekannt oder recherchierbar sind, keinen Schutz genießen können. Alle tatsächlichen historischen Ereignisse bzw. Legenden seien damit frei. Die »Päpstin Johanna« sei eine durch viele Quellen belegte historische Figur. Über diese historische Figur einen Film zu drehen stehe jedermann frei.

Die Richter machten sich nun daran, die Romanvorlage mit dem Drehbuch zu vergleichen und kamen dabei zu dem Schluss, dass die überwiegende Anzahl von Elementen des Drehbuches frei benutzbares Material über die historische Figur sei.

So seien beispielsweise folgende Schlüsselszenen überliefert: Obgleich Bildung für die meisten Menschen im neunten Jahrhundert unzugänglich war, im besonderen auch für Mädchen und Frauen, aber auch für Männer, habe Johanna lesen und schreiben gelernt. Erst eine hohe Bildung habe ihren Aufstieg ermöglicht. Auch sei überliefert, dass Johanna während einer Prozession ein Kind geboren habe. Diese Überlieferungen seien frei und für jeden nutzbar.

Im Ergebnis half das der Beklagten aber wenig, denn bezüglich zweier maßgeblicher Darstellungen war das Gericht anderer Meinung. Im Roman – von der Autorin frei erfunden – hat Johanna einen Bruder mit Namen Johannes und sie verliebt sich in ihrer Jugend in Deutschland in einen Mann, den sie später in Rom wiedertrifft und der dort als Chef der päpstlichen Garde ihr Liebhaber wird. Dies, sowie drei weitere erfundene Abschnitte des Romans hatte die Drehbuchautorin übernommen. Damit seien die Urheberrechte der Romanautorin verletzt, wenn auch nur in geringfügigem Umfange, so das Landgericht Hamburg. Aus diesem Grund untersagte das Gericht der Produktionsfirma T., einen Film auf Grundlage des amerikanischen Drehbuchs herzustellen.

Die UFA dagegen realisierte in Koproduktion mit der Constantin Film 2008 unter der Regie von Sönke Wortmann die aufwändige Kinoproduktion »Die Päpstin« nach der Romanvorlage von Woolfolk Cross.

Fazit: Auch wenn – wie hier – nur wenige erfundene Teile aus einem anderen Werk übernommen werden, kann dies das ganze Projekt kippen.

3. Gibt es ein Urheberrecht an der tatsächlichen Lebensgeschichte von Personen?

Seit Jahren beschäftigt sich eine Professorin für bayerische und schwäbische Landesgeschichte mit dem Leben der Ärztin Hope Bridges Adams Lehmann (1855 – 1916). Diese schloss als erste Frau in Deutschland das Medizinstudium ab. Die Professorin ist Autorin mehrerer Veröffentlichungen, darunter einer Biografie über die emanzipierte Ärztin »Dr. Hope«. Die Geschichte genau dieser Frau wurde von einer Münchner Produktionsfirma für das ZDF als Doku-Drama realisiert. Zunächst war die Wissenschaftlerin von der Produktionsfirma als Beraterin vorgesehen. Man konnte sich jedoch nicht über die Konditionen des Beratervertrags einigen. Das Projekt wurde ohne ihre Mitarbeit realisiert. In der Folgezeit warf die Professorin den Drehbuchautoren vor, sich an ihrer Biografie über die Ärztin unzulässigerweise bedient zu haben. Der Fall landete vor dem Landgericht München I (AZ: 7 O 3422/10).

Die Richter des Landgerichts München I rieten der Filmproduktion sowie der Historikerin einen Vergleich an. Ein Gerichtsverfahren könne langwierig und teuer werden. Wissenschaft diene dazu, so das Gericht, Informationen an die Öffentlichkeit zu bringen. Diese Informationen könne dann jeder weiterverwenden. Geschützt sei nur die Art der Darstellung. Die Produktionsfirma stellte sich auf den Standpunkt, dass keine schützbaren Elemente aus den Werken der Wissenschaftlerin übernommen worden seien. Die Professorin sah dies jedoch anders. Ihrer Meinung nach habe die Filmfirma sehr wohl geschützte Elemente aus ihren Werken übernommen. Dennoch ließen sich die Historikerin und die Filmproduktionsfirma zu einem Vergleich bewegen, um ein Gerichtsverfahren zu vermeiden. Die Historikerin erhielt von der Filmprodukti-

> onsfirma 15.000 Euro »als Abgeltung der wissenschaftlich publizistischen Leistung, die in Auffindung und Darstellung des verfilmten Stoffes liegt«.

Fazit: Auch dann, wenn ein Autor in mühevoller Recherchearbeit eine Biografie erstellt hat, ist er nicht davor geschützt, dass eine Filmproduktionsfirma die recherchierten Inhalte übernimmt. Denn diese Inhalte sind urheberrechtlich nicht geschützt. Solange sich die Filmproduktionsfirma nicht auch der konkreten Form und Art der Darstellung bedient, hat der Autor vor Gericht wenig Chancen.

Aber Vorsicht: Gesondert davon sind in solchen Fällen oft auch Persönlichkeitsrechte zu beachten. Hierzu mehr im Kapitel »Persönlichkeitsrechte«.

4. Weitere freie Werke und Leistungen

Ohne Rechteerwerb dürfen auch folgende Werke und Leistungen verwendet werden:
• Werke, deren Schutzfrist abgelaufen ist, also etwa ein Roman, dessen Autor vor mehr als siebzig Jahren gestorben ist. (Beachten Sie dabei: Manchmal haben Bearbeiter einen Stoff maßgeblich verändert und dadurch ein eigenes Urheberrecht erworben.)
• Leistungen, die von vornherein nicht schutzfähig sind. Das sind:
  – Ideen,
  – naturgegebene Vorgänge,
  – Methoden, Stilrichtungen (etwa »Dogma«, »Expressionismus«, »Dadaismus«),
  – Althergebrachtes (etwa Märchen, Volkslieder etc.),
  – Werke, die aus dem Schutz des Urheberrechtsgesetzes herausgenommen sind (etwa Gerichtsentscheidungen).

5. Ist das von mir geschaffene Konzept vor Nachahmern geschützt?

Tatsächliches Geschehen ist urheberrechtlich nicht geschützt. Dennoch kann auch ein Konzept für einen Dokumentarfilm schutzfähig sein. Um Schutzfähigkeit zu erlangen, sollten Sie in Ihrem Konzept
• eine eingehende Konkretisierung des Themas (was soll auf welche Art gezeigt werden) vornehmen,
• ins Einzelne gehende Angaben über den Aufbau des Films machen,
• einzelne Aufnahmeobjekte und ihre technische Erfassung aufzeigen.

Es kommt dabei nicht auf die Länge des Textes an. Wichtig sind die Inhalte. Auch ein Exposee von einer Seite kann Urheberrechtsschutz genießen. Das zeigt folgende Gerichtsentscheidung:

> Geplant war ein Lehrfilm und der Kläger hatte dafür eine Handlungsskizze von einer Seite Länge verfasst. Die genügte dem Bundesgerichtshof (Fundstelle: UFITA 38, Seite 340 – Straßen – gestern und morgen). Das Exposee genieße Urheberrechtsschutz, so die Richter. Sie begründeten dies unter anderem so: »Das Exposee des Klägers umfasst zwar nur eine Schreibmaschinenseite. In ihm findet aber der Gedanke, durch einen Lehrfilm den Autofahrer für die Probleme der Straße zu interessieren, bereits eine eingehende Konkretisierung. Dabei sind nicht nur ins Einzelne gehende Angaben über den Aufbau des Filmes, sondern auch über die einzelnen Aufnahmeobjekte und ihre technische Erfassung (z.B. durch Trickaufnahmen) gemacht worden.« Das Exposee enthalte daher genügend formbildende Elemente für die spätere Ausgestaltung des Films, um urheberrechtlich geschützt zu sein.

Trotzdem gilt: Schreiben Sie detailliert, mehr ist hier besser als weniger. Und: Je origineller die Idee, desto leichter wird die Schwelle zum Urheberrechtsschutz überschritten. Je weniger originell, umso detaillierter müssen die Ausarbeitungen sein.

Persönlichkeitsrechte

A. Das Recht am eigenen Bild

Am 11. 10. 1987 klopft der »Stern«-Reporter Sebastian Knauer an die Tür des Zimmers 317 des Genfer Hotels Beau Rivage. Knauer ist beauftragt, mit Barschel ein Interview über dessen angebliche Unschulds-Beweise zu führen. Als sich auf sein Klopfen hin nichts rührt, dringt er in das nicht abgeschlossene Zimmer ein. Im Badezimmer macht er einen entsetzlichen Fund. Uwe Barschel liegt mit Anzughose, weißem Hemd und Krawatte in der gefüllten Badewanne, sein Kopf ist schräg zu Seite geneigt und auf der angewinkelten Hand abgestützt. Barschel ist tot. Knauer drückt sofort auf den Auslöser seiner Kamera und macht das wohl berühmteste Foto seiner Karriere.

Die Veröffentlichung des Bildes löste eine heftige Debatte über journalistische Ethik aus. Der Deutsche Presserat hielt eine einmalige Publikation allerdings für gerechtfertigt. Das Kontrollgremium verwies auf den hohen Informationswert des Fotos, da es sich bei Barschel um eine Person der Zeitgeschichte handelte. Als der »Stern« das Bild aber eine Woche später erneut abdruckte, erteilte der Presserat der Zeitschrift eine Rüge. Begründet wurde diese Rüge damit, dass die zweite Veröffentlichung desselben Motivs keine neuen Informationen mehr geliefert hätte.

Neu ist das Problem nicht. Auch der tote Bismarck wurde von zwei Journalisten fotografiert, die sich Zugang zu seinem Sterbezimmer verschafft hatten:

Nachdem Otto von Bismarck 1898 gestorben und aufgebahrt worden war, drangen zwei Hamburger Journalisten heimlich in das Sterbezimmer ein und fotografierten den Leichnam. Zwar hatte ein Reitknecht Totenwache gehalten, diesen hatten die beiden Männer aber bestochen. Die Kinder von Bismarck erfuhren von dem Vorfall und reichten Klage gegen die Journalisten ein, mit dem Ziel, diese zur Vernichtung der Negative, Platten und Plattenabzüge zu zwingen. Beim zuständigen Gericht in Friedrichsruh im preußischen Kreis Herzogtum Lauenburg galt allerdings noch der Sachsenspiegel und dieser sah einen Schutz am eigenen Bild nicht vor. Die Richter sprachen dennoch ein Verbot der Veröffentlichung des Bildes aus und forderten die Vernichtung der Negative. Mangels anderer Rechtsvorschriften stützten sie ihre Entscheidung auf Hausfriedensbruch.

Dieser Vorfall war Auslöser für die Schaffung der Regelungen zum Bildnisschutz. Verankert wurde der Bildnisschutz im sogenannten Kunsturheberrechtsgesetz vom 9. 1. 1907 und dort in den Paragrafen 22 bis 24. Danach werden abgebildete Personen gegen unbefugte Verwertung ihres Bildnisses geschützt. Zwar wurde das Kunsturheberrechtsgesetz im Jahre 1965 aufgehoben, aber nur soweit es nicht den Bildnisschutz betraf. Die Paragrafen 22 bis 24 sind nach wie vor geltendes Recht.

Der erste Satz des § 22 lautet: »Bildnisse dürfen nur mit Einwilligung des Abgebildeten verbreitet oder öffentlich zur Schau gestellt werden.«

Jeder kann somit frei entscheiden, ob ein Foto, eine Filmaufnahme oder eine andere Abbildung von ihm veröffentlicht werden darf. Ohne Einwilligung des Betroffenen darf eine Abbildung (im Gesetz »Bildnis« genannt) grundsätzlich nicht veröffentlicht werden.

Unter »Bildnis« ist hauptsächlich die äußere Erscheinung zu verstehen. Um ein Bildnis handelt es sich aber auch dann, wenn die äußere Erscheinung nicht übereinstimmt, aber erkennbar ist, um wen es sich handeln soll. Es kommt also nicht darauf an, ob es sich um eine Nachahmung in einem Film, eine Fotografie, ein gemaltes Bild oder gar eine Comic-Darstellung handelt. Entscheidend ist allein, ob die betreffende Person für die Menschen, die sie kennen, erkennbar ist. Wird etwa eine Person im Film durch einen Schauspieler oder als Zeichentrickfigur dargestellt, ist aber jedem klar, um wen es sich handeln soll, liegt auch in diesem Fall ein »Bildnis« vor. Der Begriff umfasst also auch das Lebens- und Charakterbild einer Person. Erkennbarkeit ist auch gegeben, wenn das Gesicht einer Person in einem Film gepixelt wurde, die Person für Bekannte oder Verwandte aber dennoch an seiner Figur, seinen Bewegungen, seiner Kleidung oder ähnlichen Merkmalen zu identifizieren ist.

1. Die Aufnahme

Vorsicht: Schon die Herstellung von Aufnahmen einer Person kann eine Verletzung des Persönlichkeitsrechts darstellen.

Dies war dem Kameramann von Sat.1, der auf einer öffentlichen Straße Aufnahmen von einem erfolgreichen deutschen Schauspieler machte, offenbar nicht bekannt:

> Wenige Tage, nachdem die Bild-Zeitung ein Exklusiv-Interview mit dem Darsteller und seiner Ehefrau veröffentlicht hatte, in der sie das Scheitern ihrer Ehe bekannt gaben, wurde der Schauspieler Opfer einer höchst unangenehmen Paparazzi-Aktion.

Zwei Fotografen und ein Kameramann von Sat.1 lauerten dem Schauspieler auf, als dieser vier Tage nach Bekanntgabe der Trennung sein Haus mit einem seiner Kinder verließ. Er brachte das Mädchen zu einem etwa 300 Meter entfernten Reiterhof. Als er diesen Hof allein verließ, wurde er von dem Kameramann gefilmt und von den beiden Fotografen fotografiert. Der Schauspieler sprach die Paparazzi an und verbat sich die Aufnahmen. Der Kameramann und die Fotografen ließen sich von ihrem Tun dadurch allerdings nicht abbringen. Der Darsteller versuchte die drei daher mit Gewalt von weiteren Aufnahmen abzuhalten. Der Kameramann von Sat.1 stellte das Filmen daraufhin ein. Nicht so die beiden Fotografen: Diese knipsten jeweils wechselseitig die Bemühungen des Schauspielers, die Fotos zu verhindern.

Wiederum drei Tage später strahlte Sat.1 in der Sendung »Blitz« Film- und Fotomaterial von dieser Auseinandersetzung aus. Dabei war zu sehen, wie der Schauspieler verbal, aber auch handgreiflich versuchte, die Aufnahmen zu verhindern. So wurde etwa gezeigt, wie er auf die Kamera zuläuft mit den Worten:»Hört mal Jungs, habt ihr nichts anderes zu tun oder was? ...macht die Kamera weg, Jungs!« Der Film wackelt und bricht ab.

Keine freiwillige Unterlassungserklärung durch Sat.1
Um eine weitere Verbreitung dieser Aufnahmen zu verhindern, forderte der Schauspieler den Sender auf, sich zu verpflichten, diese Bilder nicht mehr zu senden. Sat.1 lehnte dies jedoch ab. Daher erhob der Schauspieler gegen den Kameramann sowie gegen Sat.1 Klage vor dem Landgericht Berlin (AZ: 27 O 419/06).

Vor Gericht erklärte der Darsteller, er habe versucht, die Fotografen und den Kameramann auf der Fahrt zum Ponyhof abzuschütteln. Er sei nicht erst nach dem Verlassen des Hofes, sondern zusammen mit seiner Tochter schon vorher gefilmt und fotografiert worden. Seine Handlungen hätten auch dem Zweck gedient, Bilder von seiner Tochter zu verhindern. Ganz anders allerdings beschrieb dies der Kameramann. Sein Interesse habe ausschließlich dem Darsteller gegolten, weshalb die Kamera gar nicht eingeschaltet gewesen sei, als dieser mit seinem Kind das Haus verlassen habe.

Muss der Schauspieler solche Aufnahmen dulden?
Sat.1 und der Kameramann trugen weiterhin vor, dass der Betroffene, als der bekannteste und erfolgreichste deutsche Schauspieler eine absolute Person der Zeitgeschichte sei. Er müsse solche Aufnahmen dulden. Hinzu komme Folgendes: Der Darsteller habe die Journalisten körperlich attackiert. Dies sei dokumentiert worden. Wenn der bekannteste deutsche Schauspieler eine solche vorsätzliche Körperverlet-

zung und Nötigung begehe, sei dies ein zeitgeschichtliches Ereignis und die Bildberichterstattung darüber zulässig.

Absolute Person der Zeitgeschichte?
Die Richter diskutierten zunächst die Frage, ob der Darsteller eine absolute Person der Zeitgeschichte sei. Sie kamen zu dem Schluss, dass es kein berechtigtes Interesse der Öffentlichkeit gebe, über ihn generell, unabhängig von seiner schauspielerischen Tätigkeit, unterrichtet zu werden. Er sei keine absolute Person der Zeitgeschichte. Allerdings habe er seine Privatsphäre punktuell, jedenfalls in Bezug auf die Trennung von seiner Ehefrau, aus freien Stücken geöffnet und könne daher nicht denselben Schutz vor Einblicken in seine Privatsphäre beanspruchen, wie es der Fall wäre, wenn er solche Einblicke nicht geduldet hätte. Auch das mache den Schauspieler aber nicht zu einer Person, die jederzeit auf öffentlichen Straßen fotografiert werden dürfe. Insbesondere gebe es keinen Grund, dass die Öffentlichkeit darüber informiert werden müsse, wie der Schauspieler einen Ponyhof verlässt, zu dem er gerade seine Tochter gebracht habe.

Das Handgemenge ein »zeitgeschichtliches Ereignis«?
Irritiert war das Gericht vom Vortrag von Sat.1 und dem Kameramann, dass es ein zeitgeschichtliches Ereignis gewesen sei, dass sich der Darsteller gegen unzulässige Aufnahmen zur Wehr gesetzt habe. Der Schauspieler – so das Gericht – habe sich gegen die Anfertigung von unzulässigen Bildern gewehrt. Genau dabei sollte er dann im Fernsehen »vorgeführt« werden. Eine Berufung auf ein zeitgeschichtliches Ereignis komme in einem solchen Fall überhaupt nicht infrage.

Handelte der Schauspieler in Notwehr?
Die Richter stellten weiterhin fest, dass die Verteidigung des Darstellers erforderlich gewesen sei, um einen gegenwärtigen Angriff, also die Aufnahmen, zu verhindern. Dies sahen der Kameramann und Sat.1 ganz anders: Ein »gegenwärtiger« Angriff sei gar nicht gegeben, da die Kamera aufgrund des Angriffs des Schauspielers ja gerade ausgemacht werden musste. Dieses Vorbringen »mutet seltsam an«, so der Originalton der Richter zu dieser Behauptung und sie wiesen sie zurück. Für das Gericht stand fest: Der Schauspieler handelte in Notwehr und damit waren seine Angriffe gerechtfertigt.

Das Landgericht Berlin gab dem Schauspieler daher in allen Klagepunkten Recht. Der Kameramann erkannte den Anspruch daraufhin an. Nicht so Sat.1. Gegen den Sender erging ein Urteil: Sat.1 wurde verpflichtet, die Veröffentlichung der Bilder in

Zukunft zu unterlassen und die für den Darsteller angefallenen Anwaltskosten zu bezahlen.

Die Verantwortlichen des Senders hielten dieses Urteil für falsch und legten Berufung beim Kammergericht Berlin ein (AZ: 9 U 212/06). Ohne Erfolg. Das Kammergericht bestätigte das Urteil der ersten Instanz.

2. Die Veröffentlichung von Aufnahmen

Nach dem eindeutigen Wortlaut des Kunsturheberrechtsgesetzes dürfen Bildnisse, also auch Filmaufnahmen von Personen, nur mit deren Einwilligung verbreitet und öffentlich zur Schau gestellt werden.

3. Grundsatz: Einwilligung erforderlich

Wenn eine entsprechende Einwilligung des Abgebildeten vorliegt, dürfen die Filmaufnahmen veröffentlicht werden. Eine solche Einwilligung kann mündlich oder schriftlich abgegeben werden. Aber: Sorgen Sie immer für eine schriftliche Einwilligung, geben Sie sich nicht mit einer mündlichen Einwilligung zufrieden. Sollte es später zu Meinungsverschiedenheiten kommen, erinnern sich Beteiligte häufig nicht mehr an das nur mündlich Vereinbarte. In der Praxis gibt es diesbezüglich – vor allem bei den Magazinsendungen der Fernsehsender – häufig Probleme. Hierzu folgender Fall:

Polizeikontrolle mit den ZDF-Reportern

Er wolle auf keinen Fall ins Fernsehen, habe er dem Polizeiobermeister H. gesagt; Dies führte ein Mann aus, der während einer Polizeikontrolle von den »ZDF.reportern« gefilmt worden war. Später aber hat eben dieser Mann der Reporterin ein Fernsehinterview gegeben und freundlich in die Kamera gewunken. Nachdem der Beitrag im ZDF ausgestrahlt worden war, verlangte er eine finanzielle Entschädigung, da er in die Ausstrahlung nicht eingewilligt habe. Die Sache landete vor Gericht und wurde in zweiter Instanz vom Oberlandesgericht Frankfurt am Main (Entscheidung vom 4. Juni 2009 – AZ: 16 U 206/08) entschieden.

Der Autofahrer war unter anderem aufgrund überhöhter Geschwindigkeit von der Polizei angehalten worden. Schnell stellte sich heraus, dass nicht nur die Polizei, sondern auch ein Team der Produktion »ZDF.reporter« vor Ort war. Eine Reporterin hat sich ihm vorgestellt. Später hat er dieser Reporterin ein Interview gegeben. Die Sendung, in der es unter anderem um Geschwindigkeitsüberschreitungen und Abstandsfehler ging, wurde in der Folgezeit zweimal ausgestrahlt. Als Folge der Ausstrahlung sei er von Kollegen an der Arbeitsstelle gefragt worden, wie er ohne Führerschein zur Arbeit kommen wolle. Als Privatdozent sei er zum beliebten Gesprächsthema seiner Studenten geworden. Auch hätten ihn Bekannte auf die Berichterstattung angesprochen. Hierin sah er eine erhebliche Persönlichkeitsrechtsverletzung und das Landgericht Frankfurt am Main, die erste Instanz also, gab ihm Recht.

Urteil der 1. Instanz

Er, der Kläger, hätte bei Kenntnis des tatsächlichen Inhalts der Fernsehendung seine Zustimmung zur Verwendung der Aufnahmen nie erteilt, denn er sei in der Sendung als uneinsichtiger Raser und Drängler dargestellt worden. Er habe die Problematik seiner Fahrweise nicht gesehen und sich auch keine Gedanken darüber gemacht, in welchem Kontext die Aufnahmen verwendet werden, so die Richter. Der Informationswert der Sendung wäre ebenso hoch gewesen, wenn der Hinweis auf die Oberarztfunktion des Klägers und die Wegstrecke weggelassen und das Gesicht des Klägers unkenntlich gemacht worden wäre. Das Gericht sprach ihm 10.000 Euro als Entschädigung zu. Dass die Sendung nicht mehr ausgestrahlt wird, hatte ihm das ZDF bereits im Vorfeld im Rahmen einer Unterlassungserklärung garantiert.

Berufung durch den Betroffenen

Mit diesem Ergebnis war der Oberarzt unzufrieden. Er ließ über seinen Anwalt Berufung gegen das Urteil einlegen. Er ließ vortragen, dass durch eine solch niedrige Entschädigung kein Hemmeffekt gegenüber dem Sender, der ein Haushaltsvolumen von 2 Milliarden Euro habe, ausgelöst werde. Er forderte nun eine Geldentschädigung, deren Höhe das Gericht nach eigenem Ermessen festsetzen solle, die einen Betrag von 125.000 Euro aber nicht unterschreiten sollte.

Berufung auch durch das ZDF

Aber auch das ZDF legte Berufung gegen die Entscheidung ein. Der Sender stellte sich auf den Standpunkt, dass der Kläger wirksam in die Ausstrahlung der Aufnahmen eingewilligt habe. Das Erstgericht habe wesentliche Teile des Dialogs zwischen dem Filmteam und dem Kläger unbeachtet gelassen, insbesondere diejenigen Passagen, aus denen der Betroffene die Thematik des Filmbeitrags erkennen konnte. Dem Kläger sei doch bewusst gewesen, dass die Filmaufnahmen nur zum Zwecke der Ausstrahlung im ZDF gemacht worden seien. Auch sei der Kläger nicht an den Pranger gestellt, sondern vielmehr sei eine sachliche Darstellungsform gewählt worden. Die ZDF-Reporter hätten das Verhalten des Betroffenen als Einwilligung in die

Aufnahmen und in die Ausstrahlung werten dürfen. Eine Entschädigung komme daher nicht in Frage.

Entscheidung der 2. Instanz
Die Richter des Oberlandesgerichts Frankfurt prüften die Sache nun noch einmal ganz systematisch: Sie stellten klar, dass eine Geldentschädigung nach den §22, 23 KUG (Kunsturhebergesetz) voraussetze, dass

- eine schwere Persönlichkeitsrechtsverletzung vorliege,
- dem beklagten Sender ein schweres Verschulden vorzuwerfen sei,
- ein unabwendbares Bedürfnis für die Zubilligung einer Geldentschädigung bestehe.

Nach § 22 Absatz 1 KUG dürften Bildnisse nur mit Einwilligung des Abgebildeten verbreitet oder öffentlich zur Schau gestellt werden. Da der Kläger keine ausdrückliche Einwilligungserklärung abgegeben habe, komme allenfalls eine konkludente Einwilligung in Betracht. Und es sei als konkludente Einwilligung in die Filmaufnahmen und auch in die Ausstrahlung zu werten, wenn sich eine Person von einer ihm als Reporterin vorgestellten Person vor der Kamera interviewen lässt und dann noch in die Kamera winke, so das Gericht. Dem stehe nicht entgegen, dass der Betroffene behauptet habe, schon zu Beginn des Gesprächs mit dem Polizeiobermeister H. gesagt zu haben, er wolle auf keinen Fall ins Fernsehen. Aus der Gesamtwürdigung seines Verhaltens ergebe sich, dass er insoweit seine Meinung geändert habe. Der Kläger wandte dagegen ein, dass er die Worte der Reporterin nicht gehört habe. Das sei unmaßgeblich, so die Richter. Denn entscheidend sei, wie sein Verhalten von der ZDF-Reporterin verstanden werden musste. Die Ansicht des Erstgerichts, es sei offensichtlich, dass der Betroffene bei Kenntnis des tatsächlichen Inhalts der Fernsehsendung seine Zustimmung nicht erteilt hätte, überzeugte die Richter des Oberlandesgerichts nicht. Eine Darstellung des Betroffenen als uneinsichtiger Raser und Drängler sei gerade nicht erfolgt. Der Bericht sei sachlich im Rahmen einer Magazinsendung. Das Gericht stellte abschließend fest, dass keine schwere Persönlichkeitsrechtsverletzung und kein schweres Verschulden des ZDF vorliegen, welches Voraussetzung für eine Geldentschädigung wäre. Das Urteil der ersten Instanz wurde aufgehoben und der Kläger verließ den Gerichtssaal mit leeren Händen.

Lassen Sie es auf eine Auseinandersetzung möglichst nicht ankommen. Sorgen Sie immer für eine schriftliche Einwilligungserklärung.

Erhält die abgebildete Person eine Vergütung dafür, dass sie sich hat abbilden lassen, so besteht nach § 22 Satz 2 Kunsturheberrechtsgesetz die widerlegbare Vermutung, dass sie damit eine Einwilligung in die Veröffentlichung erteilt hat. Aber: Die Entlohnung muss gerade für die Veröffentlichung erfolgt sein. Es genügt nicht, dass ein Protagonist etwa Essensgutscheine oder Benzingutscheine erhalten hat.

4. Gestattungsvertrag

Wie aber erhält man eine Einwilligung von der Person, deren Lebensgeschichte (oder Ausschnitte daraus) man verfilmen möchte? Man schließt einen schriftlichen Vertrag mit dieser Person. Ist der Betroffene nicht bereit, sich vertraglich zu binden, so stellt dies ein erhebliches Risiko für Sie dar. In der Vergangenheit gab es zahlreiche Klagen Betroffener, die sich im Vorfeld der Produktion nicht vertraglich gebunden haben und dann, während der Filmherstellung oder kurz vor oder nach Veröffentlichung der Produktion vor Gericht zogen und teilweise auch gewonnen haben. Im schlimmsten Fall kann der Film dann nicht (weiter) öffentlich gezeigt werden.

Ein solcher Gestattungsvertrag gilt immer nur für Abbildungen und persönliche Daten des betroffenen Vertragspartners. Sind Familienmitglieder, Freunde, Bekannte, Kollegen oder Täter und Opfer involviert, so muss mit jedem Einzelnen, der abgebildet werden soll, ein gesonderter Gestattungsvertrag abgeschlossen werden.

Inhalte des Gestattungsvertrages

Vertragsgegenstand

Im Gestattungsvertrag sollte so genau wie möglich beschrieben werden, wie der Protagonist im Film dargestellt wird. Denn eine Gestattung ist nur dann wirksam, wenn der Betroffene bei Abschluss der Vereinbarung wusste, worauf er sich einlässt. Die Einwilligung ist damit auf den Umfang begrenzt, den der Gestattungsvertrag beschreibt. Wurde etwa mit dem Betroffenen vereinbart, dass er im Zusammenhang mit seinen zahlreichen Romanveröffentlichungen gezeigt wird, dürfen Sie nicht über seine lang zurückliegenden Straftaten berichten.

Lassen Sie sich keinesfalls eine »Generaleinwilligung« ausstellen. Eine solche könnte gegen die Artikel 1 und 2 Grundgesetz verstoßen und wäre damit unwirksam. Denn der Kernbereich der Menschenwürde bleibt immer unantastbar und kann auch vom Betroffenen selbst nicht zur Disposition gestellt werden.

Formulieren Sie also konkret, um welche Art von Produktion es sich handelt. Das kann zum Beispiel sein:

- eine reine Dokumentation, in der die Geschehnisse so wirklichkeitsnah behandelt werden wie nur möglich;
- eine Reportage oder Magazinsendung;
- ein halbdokumentarischer Stoff, der nicht-fiktionale Ereignisse und Personen mit Fiktionalem vermischt.

Häufig wünschen Protagonisten, dass ihnen das zu verfilmende Konzept vorgelegt wird.

Soweit das Konzept Vertragsgrundlage für die Einwilligung wurde, kann Ihr Protagonist später nicht mehr sagen, er habe nicht gewusst, worum es geht. Durch die Vorlage Ihres Konzeptes sichern Sie sich also ab. Beachten Sie dabei aber Folgendes: Wenn Sie während der Vorarbeiten oder gar während der Dreharbeiten oder im Schnitt merken, dass Ihr Konzept nicht so funktioniert wie vorgesehen und Sie Änderungen vornehmen möchten, sind Sie darauf angewiesen, dass Ihr Protagonist in die Änderung einwilligt. Denn jede (nicht nur unerhebliche) Umdisposition erfordert eine neue Einwilligung.

Können oder wollen Sie noch kein Konzept beilegen, so sollten Sie Ihr Vorhaben dem Betroffenen dennoch möglichst konkret und schriftlich mitteilen, gegebenenfalls auch mit Alternativen, falls Sie noch nicht genau wissen, wie Sie Ihren Film gestalten möchten.

Nehmen Sie weiterhin auf:

- welche Erlebnisse, Erfahrungen, Ereignisse oder Situationen aus dem Leben des Betroffenen dargestellt werden sollen;
- welche Schwerpunkte Sie setzen;
- welche Erzählweise Sie wählen werden (wird die Geschichte aus der Perspektive Ihres Protagonisten in der Ich-Form erzählt oder aus Sicht einer dritten Person, etwa der Ihren?);
- welchen Aufbau Sie verfolgen.

Auch wenn Sie es für selbstverständlich halten, formulieren Sie auch folgende Punkte aus:

- dass Name, Abbild, Stimme des Betroffenen im Film verwendet werden dürfen;
- dass Sie die Überzeugungen bzw. inneren Einstellungen zu bestimmten Themen oder Ereignissen des Protagonisten darstellen dürfen.

Da die Protagonisten häufig unerfahren im Umgang mit Medien sind, sollten Sie ferner folgende Punkte aufnehmen:

- dass Sie als Filmemacher/Produzent allein das Recht zur Auswahl und Zusammenstellung der Szenen haben sowie
- die Zusicherung des Betroffenen, keine Ansprüche gegen den Filmhersteller wegen der Eingriffe in sein Persönlichkeitsrecht geltend zu machen. Denn allein dadurch, dass der Protagonist Aufnahmen von sich machen und diese veröffentlichen lässt, werden verschiedene Persönlichkeitsrechte tangiert, etwa das Recht der informationellen Selbstbestimmung und der Bildnisschutz.
- Soweit der Betroffene Ihnen Fotos gezeigt oder Tonbandaufnahmen vorgespielt hat, die Sie möglicherweise verwenden möchten, sollte auch dies Eingang in den Vertrag finden. Im Hinblick auf solche Werke ist auch zu prüfen, ob fremde Rechte tangiert werden: So hat etwa der Fotograf ein Urheberrecht an den Fotos. Sind weitere Personen auf den Fotos erkennbar, ist auch deren Einwilligung einzuholen.

Rechteübertragung

Im Gestattungsvertrag ist auch aufzunehmen, dass der Betroffene die Rechte zur Filmherstellung und Filmauswertung auf die Produktionsfirma im Umfang der beiliegenden Rechteanlage überträgt. An den Gestattungsvertrag ist diese umfassende Rechteanlage anzufügen. Sie finden ein derzeit aktuelles Beispiel im Anhang.

Beachten Sie: Die Rechteübertragung ist eines der wichtigsten Elemente Ihrer Verträge. Sie wird im Zusammenhang mit fast allen Ihren Verträgen gebraucht. Denn jeder, der im Zusammenhang mit Ihrem Film ein Werk geschaffen oder eine Leistung erbracht hat, erwirbt Rechte. Diese Rechte (bzw. die Nutzungsrechte daran) sind an den Produzenten zu übertragen, damit dieser den Film auswerten kann. Mehr dazu im Kapitel »Einführung in das Vertragsrecht«.

Exklusivität

Häufig lassen sich Filmproduktionen vom Protagonisten zusichern, dass er der Filmproduktion die Informationen und Materialien exklusiv überlässt. Auch sollte vereinbart werden, dass der Betroffene für mindestens drei Jahre keinem anderen dieselben oder ähnliche Informationen erteilt. Für den Fall, dass er gegen eine der Verpflichtungen verstößt, sollte zu Ihrer Absicherung eine Vertragsstrafe vereinbart werden.

Vergütung
Die Höhe der Vergütung richtet sich in erster Linie danach, wie interessant die Informationen – auch für andere Produzenten oder Verlage – sind. Die Spannweite ist dementsprechend groß.

Das Opferanspruchssicherungsgesetz
Eine Einschränkung haben solche Verträge jedoch durch das Opferanspruchssicherungsgesetz erfahren. Das Gesetz bewirkt, dass die im Rahmen der Verträge mit dem Betroffenen gezahlten Honorare zugunsten der Opfer gepfändet werden können. Damit soll verhindert werden, dass Straftäter ihre Tat in den Medien gewinnbringend vermarkten können und hierdurch die Opfer zusätzlich in den Fokus der Öffentlichkeit geraten.

Voraussetzung der Pfändung ist, dass die Straftat für die Veröffentlichung bestimmend war. Die Tat muss der maßgebliche Grund für das öffentliche Interesse sein.

Da dieser Bereich hochsensibel ist, sollten Sie sachkundigen Rat einholen, um Ärger zu vermeiden.

Einholung von urheberrechtlichen Nutzungsrechten
Möglicherweise müssen auch Urheberrechte beachtet werden, wenn Betroffene oder auch Dritte die Geschichte in einer bestimmten Form aufgeschrieben haben und diese für den Film verwendet werden soll.

»Mit«-Betroffene
Sie sollten mit jedem, der in Ihrer Dokumentation erkennbar bzw. identifizierbar ist, einen solchen Gestattungsvertrag schließen.

Nehmen Sie in jedem Vertrag die Schlussbestimmungen auf. Ein Beispiel hierzu finden Sie im Anhang 2.

Widerruf der Einwilligung
Eine einmal gegebene Einwilligung ist nur schwer zu widerrufen. In Österreich wurde einmal der Fall eines Musikers einer Zigeunerkapelle entschieden:

> Dieser hatte sich als Mitglied der Zigeunerkapelle in einem Werbeprospekt abbilden lassen, sich später aber der ernsten Musik zugewandt. Er wurde Konzertgeiger. Der österreichische OGH (Oberster Gerichtshof) entschied, dass er seine Einwilligung widerrufen kann, wenn ihm durch die Veröffentlichung des Werbeprospekts Nachteile drohen.

Nach der Auffassung des Oberlandesgerichts Hamburg besteht aber auch ein Recht zum Widerruf, wenn sich derjenige, dem die Einwilligung erteilt wurde, nicht an den Umfang der erteilten Einwilligung hält und das Bildnis damit rechtswidrig veröffentlicht.

5. Schutz Verstorbener

Auch Verstorbene sind geschützt. Für eine Veröffentlichung des Abbildes eines Verstorbenen ist bis zehn Jahre nach dem Ableben die Einwilligung der Angehörigen einzuholen. Und selbst nach Ablauf dieser zehn Jahre sind Tote vor grob ehrverletzenden Beeinträchtigungen oder schwerwiegenden Verfälschungen geschützt. Wie lange der Schutz gehen kann, hängt vom Einzelfall ab. Bei sehr berühmten Personen kann er 50 Jahre und länger andauern.

6. Ausnahmen

Grundsätzlich gilt also, dass Bildnisse von Personen nur mit deren Einwilligung veröffentlicht werden dürfen. Dieses Einwilligungserfordernis kann aber dann entfallen, wenn es sich bei der Person um eine sogenannte Person der Zeitgeschichte handelt.

Absolute Personen der Zeitgeschichte

Bei den Personen der Zeitgeschichte wird derzeit noch getrennt zwischen absoluten und relativen Personen der Zeitgeschichte. »Derzeit« deshalb, weil der Europäische Gerichtshof für Menschenrechte (EGMR) den Begriff der »absoluten und der relativen Person der Zeitgeschichte« für zu unbestimmt hält (Fundstelle: EGMR GRUR 2004, 1051 – Caroline 4).

Da der Begriff in der deutschen Rechtsprechung aber immer noch von Bedeutung ist, wird nachfolgend näher darauf eingegangen.

Absolute Personen der Zeitgeschichte sind Menschen, die durch andauernde Popularität im Blickfeld der Öffentlichkeit stehen. Hierzu zählen etwa Caroline von Monaco oder Angela Merkel.

Absolute Personen der Zeitgeschichte müssen die Veröffentlichung von Abbildungen hinnehmen, die im Rahmen ihrer jeweils öffentlichen Funktion gemacht werden. Abbildungen hingegen, die die Intimsphäre betreffen, dürfen auch von absoluten Personen der Zeitgeschichte nicht veröffentlicht werden. Dies gilt ebenfalls für Abbildungen aus dem privaten Bereich, wenn die entsprechende Berichterstattung nicht mehr befriedigt als Neugier und Sensationslust, so der Bundesgerichtshof in seiner Entscheidung vom 6. 3. 2007. Damit nähert sich der BGH der Rechtsprechung des Europäischen Gerichtshofes für Menschenrechte an. Caroline von Monaco hatte gegen die »Bunte« und die »Freizeit Revue« geklagt. Die beiden Zeitschriften hatten Fotos veröffentlicht, die Caroline von Monaco beim Reiten, Einkaufen, Besuch eines Restaurants, Stolpern über einen Gegenstand in einem Beach Club und weiteren privaten Tätigkeiten zeigten. Dieser Streitfall hatte zunächst alle deutschen Instanzen beschäftigt. Da die deutschen Gerichte ihr nur einen Teilerfolg einbrachten, zog sie vor den EGMR. Das Gericht sprach sein Urteil auf Grundlage von Art. 8 der Europäischen Menschenrechtskonvention. In dem Urteil heißt es unter anderem:

»Der Gerichtshof weist darauf hin, welche grundlegende Bedeutung dem Schutz des Privatlebens für die Selbstentfaltung jedes Einzelnen zukommt, und hält fest, dass jede Person, auch wenn es sich um eine Persönlichkeit des öffentlichen Lebens handelt, die ›legitime Erwartung‹ hegen darf, dass ihr Privatleben geschützt und geachtet wird. Die von den innerstaatlichen Gerichten aufgestellten Kriterien zur Unterscheidung zwischen einer ›absoluten‹ Person der Zeitgeschichte und einer ›relativen‹ Person reichen nach Ansicht des Gerichtshofs nicht aus, um einen wirksamen Schutz des Privatlebens der Beschwerdeführerin (= Caroline von Monaco) zu gewährleisten, und es hätte anerkannt werden müssen, dass die Beschwerdeführerin unter den gegebenen Umständen die ›legitime Erwartung‹ geltend machen darf, dass ihr Privatleben geschützt wird. Angesichts dessen gelangt der Gerichtshof zu dem Schluss, dass die deutschen Gerichte die widerstreitenden Interessen nicht in gerechter Weise gegeneinander abgewogen haben. Somit befindet der Gerichtshof, dass Artikel 8 der Konvention verletzt worden ist.«

Die Reaktion der Yellow Press in Deutschland

Einige Zeit später erschienen in verschiedenen deutschen Zeitschriften unter anderem Fotos von Caroline von Monaco und ihrem Mann bei einer Geburtstagsfeier, einem Urlaub in St. Moritz, auf einer belebten Straße sowie im Zusammenhang mit einem Bericht über die Vermietung einer Villa und einer Erkrankung des seinerzeit regierenden Fürsten von Monaco. Das Ehepaar reichte daraufhin sechs verschiedene Klagen beim Landgericht Hamburg ein.

Die Richter untersuchten die einzelnen Fälle mit einem Seitenblick auf das Urteil des Europäischen Gerichtshofs für Menschenrechte. Das Gericht führte aus, dass der »Informationswert« der Berichterstattung für die Öffentlichkeit bei der Abwägung eine wichtige Rolle spiele. Je geringer dieser Informationswert sei, desto höher müsse der

Schutz der Privatsphäre der absoluten Person der Zeitgeschichte bewertet werden. Da die von den Eheleuten veröffentlichten Fotos keine »Beiträge zu einer öffentlichen Debatte« darstellten, gab das Gericht dem klagenden Ehepaar in allen Fällen Recht. Dies allerdings wollten sich die betroffenen Verlage nicht gefallen lassen. Sie legten Berufungen beim Oberlandesgericht ein.

Die Anwälte der Verlage führten an, dass absolute Personen der Zeitgeschichte die vorgefallenen Eingriffe in ihre Privatsphäre dulden müssten, da die Pressefreiheit den Rechten der Prominenten vorzuziehen sei. Das Oberlandesgericht Hamburg sah dies genauso. Es wies sämtliche Klagen von Caroline von Monaco und Ernst August ab.

Nun ging die Sache vor den Bundesgerichtshof (AZ: VI ZR 13/06, 14/06, 50/06, 51/06, 52/06, 53/06). Dieser nahm Bezug auf das Urteil des Europäischen Gerichtshofes für Menschenrechte und wies dementsprechend darauf hin, dass der Schutz der Persönlichkeit umso schwerer wiege, je geringer der Informationswert für die Allgemeinheit sei. Dieser Grundsatz müsse auch für Personen mit hohem Bekanntheitsgrad gelten. Die Richter untersuchten nun jedes Foto sowie die dazugehörigen Beiträge. Sie kamen zu dem Schluss, dass es sich zum Teil um Berichterstattung handele, die allein die bloße Neugier der Leser befriedige. Daher sei die Veröffentlichung der Fotos im Zusammenhang mit dem Urlaub in St. Moritz, der Geburtstagsfeier und auch die Abbildungen im Zusammenhang mit einem Bericht über die Vermietung einer Villa unzulässig. Anders allerdings sehe es bei der Berichterstattung über die Erkrankung des damals regierenden Fürsten von Monaco aus. Bei dieser Erkrankung handele es sich um ein zeitgeschichtliches Ereignis. Darüber dürfe die Presse berichten. Wie dieser Artikel durch die Yellow Press gestaltet worden sei, sei unerheblich. Auch komme es auf den redaktionellen Gehalt des Beitrags nicht an, denn die Pressefreiheit lasse nicht zu, die Qualität des Presseerzeugnisses zu bewerten.

Fazit: Haben Fotos keinen objektiven Informationswert, so sind auch Prominente wie die beiden Kläger gegen Veröffentlichungen geschützt.

Das Bundesverfassungsgericht (Beschluss vom 26. 2. 2008) hat den Gerichten in Deutschland in der Folgezeit freigestellt, den Begriff der »Person der Zeitgeschichte« weiterhin zu verwenden oder aber andere typische Fallgruppen zu bilden. Es sei Sache der Fachgerichte, den Informationswert einer Berichterstattung und ihrer Bebilderung anhand des Bezugs zur öffentlichen Meinungsbildung zu ermitteln und der Pressefreiheit abwägend die mit der Gewinnung und Verbreitung einer Abbildung verbundenen Beeinträchtigungen des Persönlichkeitsschutzes gegenüber zu stellen. Das Bundesverfassungsgericht ist auf die Nachprüfung beschränkt, ob die Fachgerichte bei der Auslegung und Anwendung der Vorschriften des einfachen Rechts und insbesondere bei der Abwägung miteinander kollidierender Rechtsgüter den Grundrechtseinfluss sowie die auch verfassungsrechtlich zu beachtenden Maßgaben der Europäischen Menschenrechtskonvention ausreichend beachtet haben.

Ein neues Verfahren läuft

Da die deutschen Gerichte das Urteil des Europäischen Gerichtshofs für Menschenrechte aus Sicht von Caroline von Monaco nicht bzw. nicht ausreichend berücksichtigen, läuft derzeit abermals ein Verfahren vor dem EGMR, in dem es um Veröffentlichungen von Abbildungen von ihr und ihrem Mann im Skiurlaub geht.

Ihr Anwalt macht im Rahmen der Klage geltend, dass deutsche Medien weiterhin Privatfotos der monegassischen Prinzessin veröffentlichen. Weil es dafür in Deutschland einen lukrativen Markt gebe, würden seine Klientin und deren Familie weiterhin auf Schritt und Tritt von Paparazzi verfolgt. Das sogenannte »Caroline-Urteil« vom Juni 2004 werde von deutschen Gerichten weitgehend ignoriert, kritisierte er. Seit diesem Urteil seien mehrere Klagen mit dem Argument abgewiesen worden, als »Person der Zeitgeschichte« müsse Caroline hinnehmen, dass auch ihr Privatleben von »öffentlichem Interesse« sei. Damit verstoße Deutschland gegen das Grundrecht auf Schutz des Privatlebens.

Das Verfahren läuft derzeit.

Relative Personen der Zeitgeschichte

Relative Personen der Zeitgeschichte sind nur aufgrund eines bestimmten Ereignisses, wie eines Unglücksfalls oder einer Straftat, in den Blickpunkt der Öffentlichkeit gerückt. Die Eigenschaft als Person der Zeitgeschichte hält nur so lange an wie das Interesse der Öffentlichkeit an dem konkreten Fall. Insbesondere bei Straftätern in spektakulären Kriminalfällen ist dies zu beachten: Sie sind Personen der Zeitgeschichte, aber nur so lange der Fall in der Öffentlichkeit diskutiert wird. Etwas anderes gilt nur für die Fälle bzw. Personen, die von historischer Bedeutung sind, etwa die Mitglieder der RAF.

Jugendliche Straftäter werden auf Grund ihres besonderen Resozialisierungsinteresses besonders geschützt, wie nachfolgender Fall zeigt:

Im Februar 2009 hat das Landgericht Hamburg (AZ: 324 O 703/08) eine Entscheidung über eine Veröffentlichung eines Täterfotos getroffen. Der am 14. 7. 1989 geborene Täter tötete im Jahre 2007 gemeinsam mit einem Mittäter ein Ehepaar und flüchtete sodann mit einem 15 Jahre alten Mädchen als Geisel. Er wurde noch am selben Tag festgenommen und wegen zweifachen Mordes in Tateinheit mit Raub mit Todesfolge sowie wegen Geiselnahme zu einer Jugendstrafe von neun Jahren und sechs Monaten verurteilt. Die Tat und das Strafverfahren hatten in der Öffentlichkeit für erhebliches Aufsehen gesorgt.

Aus Anlass der Vernehmung des von den Tätern als Geisel genommenen Mädchens wurde in der Zeitung B. (Regionalausgabe Mecklenburg-Vorpommern) unter dem Titel »Die Geisel der Killer – Schüler – Schwächeanfall vor Gericht« über das Strafverfahren berichtet. Dabei druckte die Zeitung ein Foto ab, das den Täter nach seiner Festnahme im Einsatzfahrzeug der Polizei zeigte. Seine Augenpartie war dabei mit einem schwarzen Balken abgedeckt.

Der Straftäter meinte nun, mit der Veröffentlichung seines Fotos ginge eine Beeinträchtigung seiner Rechte, insbesondere sein Resozialisierungsinteresse einher.

Dieses werde nicht durch ein legitimes Informationsbedürfnis der Öffentlichkeit aufgewogen. In Bezug auf Jugendliche sei anerkannt, dass es dann, wenn sie Kapitalverbrechen verübt haben, wegen des besonderen Resozialisierungsbedürfnisses eine identifizierbar machende Berichterstattung unter Bildnisveröffentlichung und/oder Namensnennung grundsätzlich zu unterbleiben habe. Zum Zeitpunkt der Straftat sei er Jugendlicher gewesen und auf diesen Zeitpunkt sei hier abzustellen. Er zog vor das Landgericht Hamburg und beantragte die Veröffentlichung des Fotos zu verbieten.

Die Zeitung dagegen stellte sich auf den Standpunkt, dass an der Person des Täters ein überragendes Informationsinteresse der Öffentlichkeit bestehe. Die Berichterstattung über Taten jugendlicher Straftäter sei nicht generell unzulässig. Hinzu komme, dass der Täter mittlerweile volljährig sei.

Das Landgericht Hamburg stellte zunächst klar, dass der die Augenpartie verdeckende schwarze Balken nicht geeignet sei, den Straftäter zu anonymisieren, denn er verdecke schon wesentliche Gesichtszüge nicht. Auch sei auf das Alter des Täters zur Tatzeit abzustellen. Der besondere Resozialisierungsanspruch des jugendlichen Straftäters würde mit dem Eintritt der Volljährigkeit nicht entfallen. Unter Berücksichtigung dieses besonderen Schutzbedürfnisses müssten das Berichterstattungsinteresse der Zeitung beziehungsweise das Informationsinteresse der Öffentlichkeit hinter dem Anonymitätsinteresse des Täters zurückstehen. Der Täter habe ein gesteigertes Interesse daran, dass seine Identität nicht in die Öffentlichkeit getragen werde. Er habe als zur Tatzeit 17-jähriger Schüler seinen Platz im Leben in sozialer wie

> beruflicher Hinsicht noch nicht gefunden. Sein weiterer Werdegang werde nach der Entlassung aus dem Jugendvollzug in vielfacher Hinsicht von der Einschätzung seiner Person durch Dritte abhängen. Zwar möge es sich bei dem Foto um ein Bildnis aus dem Bereich der Zeitgeschichte handeln, dessen Verbreitung verletze jedoch die berechtigten Interessen des Täters. Die Zeitung durfte das Foto daher nicht nochmals veröffentlichen.

Selbstverständlich können Abbildungen von Personen der Zeitgeschichte grundsätzlich auch nicht für reine Werbung verwendet werden. Dafür bedarf es immer einer Einwilligung.

7. Beiwerk

Abbildungsfreiheit besteht auch für Aufnahmen, auf denen Personen nur als sogenanntes Beiwerk neben einer Landschaft oder einer sonstigen Örtlichkeit erscheinen. Dies ist etwa der Fall, wenn die Personenabbildung derart untergeordnet ist, dass sie auch entfallen könnte, ohne dass sich der Gesamteindruck der Aufnahmen verändert. Entscheidend ist also, dass die Person nicht selbst Thema des Bildes ist. Um solches »Beiwerk« handelt es sich aber nicht, wenn etwa bei einer Aufnahme einer Brücke eine Frau im Vordergrund zu sehen ist, auf die der Blick sogleich fällt. Denn in diesem Fall kann die Frau nicht aus dem Bild herausgenommen werden, ohne Beeinträchtigung der Gesamtwirkung.

8. Versammlungen

Abbildungsfrei sind auch Aufnahmen von Versammlungen und ähnlichen Vorgängen, an denen die dargestellten Personen teilgenommen haben. Unter den Begriff der »Versammlung« fallen etwa Demonstrationen oder Umzüge. Es muss sich dabei immer um eine größere Menge von Menschen handeln, der Einzelne darf sich aus ihr nicht herausheben.

Nicht erforderlich ist, dass die Versammlung vollständig abgebildet wird. Es können auch Ausschnitte gezeigt werden, diese müssen aber einen repräsentativen Eindruck des Geschehens vermitteln. Umstritten ist dabei, ob im Fall von Demonstrationen auch Polizeibeamte abgebildet werden dürfen. Denn die Polizeibeamten erscheinen ja nicht als Teilnehmer der Demonstration, sondern zur Erfüllung ihrer Aufgaben.

9. Höheres Interesse der Kunst

Diese Regelung spielt in der Praxis kaum eine Rolle. Sie besagt, dass keine Einwilligung des Abgebildeten erforderlich ist, wenn ein Bild nicht auf Bestellung angefertigt wurde und seine Verbreitung oder Ausstellung einem höheren Interesse der Kunst dient. Der Gesetzgeber begründete diese Vorschrift damit, dass »namentlich die Veröffentlichung künstlerischer Bildnisstudien ermöglicht werde«. Wann »ein höheres Interesse der Kunst« gegeben ist, entscheiden im Streitfall die Gerichte.

10. Die Regelung des § 201a StGB zur Bildberichterstattung

Mit Artikeln wie »Reporter in der Falle« oder »Zwangsjacke für die Presse« wurde das Gesetzgebungsverfahren für den § 201a Strafgesetzbuch (StGB) in den Jahren 2003/2004 von den Zeitungen begleitet. Diese Vorschrift soll Personen, die sich in einer Wohnung oder einem gegen Einblick besonders geschützten Raum befinden, vor unbefugten Bildaufnahmen schützen.

Durch neue Technologien wie Handykameras oder immer kleiner werdende Digitalkameras werden Bildaufnahmen so unauffällig ermöglicht, dass der Fotografierte oder Gefilmte dies nicht einmal bemerkt. Solche Aufnahmen können dann – insbesondere durch das Internet – schnell weltweit verbreitet werden. Sind Aufnahmen aber einmal im Internet vorhanden, ist es nahezu unmöglich, diese Aufnahmen wieder zu entfernen.

Um Abhilfe zu schaffen, entschlossen sich im Januar 2003 verschiedene Abgeordnete des Bundestages sowie die Fraktion der FDP, einen »Entwurf eines Gesetzes zum verbesserten Schutz der Intimsphäre« zu initiieren. Es sollten strafrechtliche Normen geschaffen werden, die bereits die unbefugte Aufnahme von Bildern unter Strafe stellen. Hier ein Auszug aus dem durch die Initiative entstandenen § 201a StGB:

»Wer von einer anderen Person, die sich in einer Wohnung oder einem gegen Einblick besonders geschützten Raum befindet, unbefugt Bildaufnahmen herstellt oder überträgt und dadurch deren höchstpersönlichen Lebensbereich verletzt, wird mit Freiheitsstrafe bis zu einem Jahr oder Geldstrafe bestraft.

Ebenso wird bestraft, wer eine durch eine Tat nach Absatz 1 hergestellte Bildaufnahme gebraucht oder einem Dritten zugänglich macht.«

So positiv dieser zusätzliche Schutz des höchstpersönlichen Lebensbereichs, der in anderen europäischen Ländern und den USA seit Jahren besteht, einerseits aufgenommen wurde, so hat er sich für die Arbeit von Reportern als problematisch herausgestellt. Aufgrund der Norm wurden inzwischen mehrfach Strafverfahren auch gegen Medienmitarbeiter eingeleitet. Es herrscht bis heute große Verunsicherung in den Redaktionen der Sender und Verlage. So führten etwa die Anwälte der ProSiebenSat.1 Media AG im Rahmen eines Symposiums im Jahr 2005 zu diesem Thema aus, dass die Vorschrift nicht nur Nachrichtensendungen und Boulevardmagazine, sondern in erster Linie investigative Formate betreffe, insbesondere wenn eine versteckte Kamera im Einsatz sei. Sie stellten darauf ab, dass der Gesetzesentwurf zu Abgrenzungsproblemen führen könne. Denn wer solle in einer Situation, die schnelles Handeln erfordere, beurteilen, was konkret ein »besonders geschützter Raum« sei? Der Entwurf führt als »gegen Einblick besonders geschützte Räume« beispielhaft Toiletten, Umkleidekabinen und ärztliche Behandlungszimmer an. Diese eindeutigen Fälle dürften in der journalistischen Praxis keine allzu großen Schwierigkeiten bereiten. Wie jedoch verhält es sich in weniger greifbaren Situationen? Dafür brachten die Juristen ein einleuchtendes Beispiel:

Im Verlauf einer Reportage des wöchentlich in Sat.1 ausgestrahlten Magazins »Akte« wurde ein Geldwechselbetrug (sogenannter Rip-Deal) in Holland aufgedeckt. Die Akte-Reporter hatten mit den Betrügern Kontakt aufgenommen und die Vorgespräche sowie das Treffen für eine Geldübergabe in der Ecke einer Hotelbar ebenso mit versteckter Kamera gefilmt wie die Festnahme der Betrüger durch die Polizei. Die Täter wurden zu erheblichen mehrjährigen Freiheitsstrafen verurteilt.

Kann die Ecke der Hotelbar als ein »besonders geschützter Raum« interpretiert werden?
Aus heutiger Sicht der Juristen dürfte dies eher zu verneinen sein. Denn eine Hotelbar dient im Normalfall nicht dazu, sich aus der Öffentlichkeit zurückzuziehen. Es muss sich bei dem Nutzer des Raums ein Gefühl von Ungestörtsein und persönlicher Intimität einstellen. Der betroffene Bereich muss nach außen erkennbar dadurch den Einblick erschweren, dass ein Sichtschutz installiert oder betätigt wird. Handelt es sich um einen Bereich, der gegen die Umwelt von vorneherein so abgegrenzt ist, dass er einen nahezu lückenlosen Sichtschutz bietet, der nur durch besondere Anstrengungen überwunden werden kann, so ist auch dies als besonders geschützter Raum zu sehen.

Aber ist es einem Redakteur zumutbar und möglich, vor Ort genaue Abgrenzungskriterien zu entwickeln, was nach dem Gesetz noch erlaubt ist und was nicht? Entscheidet er sich falsch, läuft er Gefahr, einem Strafverfahren ausgeliefert zu sein, das mit einer Haftstrafe enden kann. Dies im Hinterkopf wird sich der Redakteur genau überlegen, ob er auf einen solchen Bericht nicht besser verzichtet. Zu seiner eigenen Sicherheit.

Der Juristische Direktor des Bayerischen Rundfunks gab darüber hinaus zu bedenken, dass die Vorschrift auch gezielt instrumentalisiert werden könne, um unliebsame Berichterstattung zu unterbinden. Umgekehrt würde das Gesetz in vielen Fällen für die abgebildete Person keinen zusätzlichen Schutz bewirken, da die Person gar nicht bemerken würde, dass sie gefilmt oder fotografiert werde.

Die Sender und Verlage haben sich auf die neue Rechtslage eingestellt, indem sie Informationsveranstaltungen in den Redaktionen abgehalten haben. Zudem sind die Mitarbeiter aufgefordert worden, in Zweifelsfällen die Rechtsabteilung zu befragen.

In eiligen Fällen aber, wenn juristischer Rat nicht eingeholt werden kann, sind der Redakteur und mit ihm die anderen anwesenden Filmschaffenden wie Kameramann oder Moderator auf sich allein gestellt.

11. Unschuldsvermutung und Opferschutz

Unschuldsvermutung

Wenn Sie in Ihrem Film etwa einen unaufgeklärten Mord durch eine spekulative Handlung »aufklären«, ist besondere Vorsicht geboten. Denn auch die Medien müssen das Rechtsgut der Unschuldsvermutung beachten, das unter anderem in Art. 6 der Europäischen Menschenrechtskonvention niedergelegt ist. Solange also noch keine rechtskräftige Verurteilung vorliegt, darf nicht der Eindruck erweckt werden, bestimmte Personen kämen als Täter infrage.

Auch im Pressekodex der Bundesrepublik Deutschland ist die Unschuldsvermutung in Ziffer 13 verankert. Darin heißt es: »Die Berichterstattung über Ermittlungsverfahren, Strafverfahren und sonstige förmliche Verfahren muss frei von Vorurteilen erfolgen. Der Grundsatz der Unschuldsvermutung gilt auch für die Presse.«

Opferschutz

Die Opfer von Verbrechen geraten meist unverschuldet in die Öffentlichkeit. Daher dürfen sie grundsätzlich nicht erkennbar sein. Eine Ausnahme kann aber dann bestehen, wenn das Opfer bei der Berichterstattung über das Verbrechen derart in den Mittelpunkt gerückt wurde, dass es selbst eine relative Person der Zeitgeschichte wurde.

B. Das allgemeine Persönlichkeitsrecht

Sie habe sich im Nebenraum befunden, als die tödlichen Schüssen fielen, so die Witwe des Bankiers Jürgen Ponto vor dem Landgericht Köln, daher sei sie Augenzeugin der Ermordung ihres Mannes geworden. Im Film »Der Baader Meinhof Komplex« sitzt die Figur, die sie darstellen soll, aber telefonierend auf der Terrasse. Auch sei die Ermordung, anders als im Film dargestellt, annähernd lautlos und in einem dunklen Zimmer geschehen, während der Film stattdessen »das lärmende Knallen der Pistolen, das ausgekostete Röcheln und einen brutalisierten Todeskampf« zeige. Ihr Mann sei nach den Schüssen in Wirklichkeit vornüber gefallen und nicht nach hinten weg. Durch diese und andere unzutreffende Darstellungen sieht Frau Ponto ihre Persönlichkeitsrechte, aber auch die ihres verstorbenen Mannes verletzt. Der Film erhebe zwar den Anspruch größtmöglicher historischer Authentizität, entspreche aber bei der Darstellung der Ermordung Pontos in mehreren Punkten nicht der Wahrheit. Sie, Ignes Ponto, wolle zudem die effekthascherische Darstellung der Ermordung ihres Mannes nicht hinnehmen. Ihr Versuch, eine einstweilige Verfügung gegen den Film zu erwirken, schlug dennoch fehl.

Die Richter bejahten zwar die unzutreffende Darstellung, stellten jedoch auch klar, dass der Film der im Grundgesetz verankerten Kunstfreiheit unterliege. Dieses Grundrecht beinhalte die Entscheidung, auf welche Art und Weise eine Geschichte erzählt werden soll. Hinzu komme, dass die Tötungsszene weder die Persönlichkeitsrechte des Ermordeten noch die von Frau Ponto verletze. Zwar schütze das allgemeine Persönlichkeitsrecht auch Verstorbene gegen grobe Beeinträchtigungen des Lebensbildes, insbesondere wenn dieses schwerwiegend entstellt oder verfälscht werde. Jedoch werde Jürgen Ponto in der bemängelten Szene weder in einer besonders privaten noch in einer besonders würdelosen Situation gezeigt. Eine Verfälschung seines Lebensbildes und damit seiner Menschenwürde sei in keiner Weise erkennbar. Auch Frau Ponto sei durch die betroffenen Filmausschnitte nicht entwürdigend oder rufschädigend dargestellt. Für den Zuschauer sei deutlich zu sehen, dass es der Film nicht anstrebe, die reale Wirklichkeit 1:1 abzubilden, sondern diese aus einer bestimmten Perspektive zu zeigen, um dem Zuschauer die »Botschaft« des Filmes nahezubringen. Im Spielfilm eingebettet seien fiktive und tatsächliche Schilderungen. Dies bringe es mit sich, dass eine angestrebte besonders pointierte Darstellung gegebenenfalls nur unter Weglassung von parallel geschehenen Ereignissen erfolgen könne. Hinzu komme, dass das Thema des Films die Terroristen der ersten und zweiten Generation und deren Taten, nicht jedoch Leid und Schrecken der Opfer sei. Die Interessen der Klägerin müssten daher hinter das Grundrecht der Kunstfreiheit zurücktreten.

Das Gericht schlug sich hier also auf die Seite des Filmherstellers. Das war in den vergangenen Jahren nicht immer so. Produzenten mussten mehrfach aufgrund von Klagen Betroffener Änderungen an ihren dokumentarischen oder halbdokumentarischen Filmen vornehmen. Eine Produktion – »Rothenburg« – wurde zunächst gänzlich verboten, das entsprechende Urteil wurde aber zwischenzeitlich vom Bundesgerichthof aufgehoben (mehr zu diesem Fall unten in diesem Kapitel in Ziffer 3).

Bei all diesen Entscheidungen geht es vor allem um zwei Fragen:
* Liegt eine Verletzung des Allgemeinen Persönlichkeitsrechts vor?
* Falls ja: Wiegt diese so schwer, dass die Kunstfreiheit, die Meinungsfreiheit oder die Pressefreiheit dahinter zurücktreten muss?

1. Die wichtigsten Schutzbereiche

Das Allgemeine Persönlichkeitsrecht ist durch das Grundgesetz garantiert. Nachfolgend die Schutzbereiche, die im Film am häufigsten betroffen sind:
* Schutz vor Indiskretion, insbesondere Schutz der Intimsphäre und der Privatsphäre:
* Die Intimsphäre umfasst alle Bereiche, für die nach unserem Gesellschaftsverständnis Anspruch auf Geheimhaltung besteht, also etwa der Gesundheitszustand, das Sexualleben, Abbildungen des nackten Körpers, Tagebuchaufzeichnungen. Nur der Betroffene selbst darf bestimmen, was aus diesem Bereich anderen bekannt werden soll.
* Die Privatsphäre umfasst das gesamte Privatleben einer Person. Dazu gehören zum Beispiel die vertrauliche Kommunikation unter Eheleuten, Familientragödien, aber auch die Vermögensverhältnisse.
* Schutz vor unwahrer Darstellung:
* Eine unwahre Darstellung liegt vor, wenn eine Person auf eine Art und Weise dargestellt wird, welche nicht mit der tatsächlichen Persönlichkeit übereinstimmt.
* Schutz des Selbstbestimmungsrechts:
* Jeder soll selbst entscheiden können, ob, wann und in welchem Umfang er oder seine eigenen Angelegenheiten der Öffentlichkeit preisgegeben werden (Ausnahmen bestehen bei Personen der Zeitgeschichte).
* Schutz der persönlichen Ehre:
* Schutz vor ehrenrührigen Behauptungen oder diffamierenden Meinungsäußerungen.

Ist das Allgemeine Persönlichkeitsrecht des Betroffenen verletzt, so prüfen die Gerichte in jedem Einzelfall gesondert, ob die Verletzung so schwer wiegt, dass die Kunstfreiheit, die Meinungs- oder Pressefreiheit – alle durch Artikel 5 des Grundgesetzes garantiert dahinter zurückstehen muss.

2. Persönlichkeitsrechte kontra Meinungs- und Kunstfreiheit

Artikel 5 Grundgesetz lautet:
1) Jeder hat das Recht, seine Meinung in Wort, Schrift und Bild frei zu äußern und zu verbreiten und sich aus allgemein zugänglichen Quellen ungehindert zu unterrichten. Die Pressefreiheit und die Freiheit der Berichterstattung durch Rundfunk und Film werden gewährleistet. Eine Zensur findet nicht statt.
2) Diese Rechte finden ihre Schranken in den Vorschriften der allgemeinen Gesetze, der gesetzlichen Bestimmungen zum Schutz der Jugend und in dem Recht auf persönliche Ehre.
3) Kunst und Wissenschaft, Forschung und Lehre sind frei. Die Freiheit der Lehre entbindet nicht von der Treue zur Verfassung.

Die Meinungsfreiheit
Das Recht auf Meinungsäußerung umfasst jede Meinung. Unabhängig davon, ob ein Werturteil objektiv richtig oder falsch ist, ob es emotional oder rational begründet ist. Auch falsche, abwertende oder verwerfliche Meinungsäußerungen sind geschützt aber nur in den Grenzen des Absatzes 2, also insbesondere dem Recht der persönlichen Ehre.

Die Kunstfreiheit
Die Kunstfreiheit betrifft die künstlerische Betätigung selbst sowie die Darbietung und Verbreitung des Kunstwerks. Die Gewährleistungswirkung erstreckt sich auch auf die Medien, also auch auf Film und Fernsehen.

Die Rundfunkfreiheit
Die Rundfunkfreiheit unterscheidet sich nicht von der Pressefreiheit.
Der Rundfunk muss in voller Unabhängigkeit überparteilich betrieben und von jeder einseitigen Beeinflussung frei gehalten werden. Vor allem die öffentlich rechtlichen Rundfunkanstalten müssen in ihrem Gesamtprogramm umfassende Informationen bieten, die der vollen Meinungsvielfalt Raum geben und dürfen die öffentliche Meinung nicht mit bestimmter Tendenz beeinflussen.

Grundrechtsschranken

Wie das Gesetz vorschreibt, sind die »allgemeinen Gesetze« eine sogenannte Grundrechtsschranke. Solche »allgemeinen Gesetze« finden sich auf allen möglichen Rechtsgebieten, etwa im Bürgerlichen Recht, im Arbeitsrecht, im Soldatenrecht, im Strafrecht.

3. Lösung durch Güterabwägung

Die Gerichte lösen diese Fälle durch eine Güterabwägung zwischen Kunstfreiheit und Persönlichkeitsrecht. Keinem der beiden Rechte kommt dabei Vorrang gegenüber dem anderen zu. Grundsätzlich gilt jedoch, dass eine schwere Beeinträchtigung des Persönlichkeitsrechts nicht durch die Kunstfreiheit gerechtfertigt werden kann.

Wie die Richter dabei im Einzelnen vorgehen, zeigt der Rechtsstreit um das Verbot des Films über den Kannibalen von Rothenburg:

Der sogenannte »Kannibale von Rothenburg« hatte im Jahre 2001 einen 43-Jährigen – mit dessen Einverständnis – getötet, zerstückelt und das Fleisch seines Opfers teilweise gegessen.

Er wurde wegen Mordes zu einer lebenslänglichen Haftstrafe verurteilt. Eine US-Produktionsfirma verfilmte den Mordfall und ließ ihn als »Real-Horrorfilm« bewerben. In dem Film werden die Lebensgeschichte des Täters, seine Persönlichkeit sowie der Tathergang im Detail erzählt. Der Täter wollte die Veröffentlichung des Films unter allen Umständen verhindern. In den unteren Instanzen hatte er damit auch Erfolg. Die Veröffentlichung des Films wurde zunächst untersagt. Mit Urteil vom 26. 5. 2008 entschied der Bundesgerichtshof AZ: VI ZR 191/08) aber anders: Die grundgesetzlich garantierte Kunst- bzw. Filmfreiheit stehe in diesem Fall über den Persönlichkeitsrechten des Mörders. Es sei zwar richtig, dass der Film den Täter als Person erheblich belaste, weil er die Tat auf stark emotionalisierende Weise in Erinnerung rufe. Dies berühre auch den besonders schutzwürdigen Kern der Privat- und Intimsphäre des Klägers. Diese Informationen bezögen sich jedoch unmittelbar auf die Tat und die Person des Klägers. Daher dürften diese Details erzählerisch dargestellt werden. Ohnehin habe der Kläger an der kommerziellen Auswertung seiner Lebensgeschichte durch die Medien bereits selbst mitgewirkt, sodass sämtliche Einzelheiten der Tat der Öffentlichkeit bekannt seien. Nach Abwägung zwischen den Rechten des Klägers und der Kunst- beziehungsweise Filmfreiheit müsse das Persönlichkeitsrecht zurückstehen, so der Bundesgerichtshof.

Der Film konnte daher veröffentlicht werden.

Ein weiteres Beispiel für eine Interessenabwägung bietet der Fall »Die Villa von Günter Jauch«.

Seine Privatsphäre ist dem beliebtesten Moderator Deutschlands heilig. Daher war er nicht erfreut, als er mit einer Aufnahme seines Wohnhauses in einer Zeitschrift konfrontiert wurde. Da er die Veröffentlichung von Bildern seines Domizils immer untersagt hatte, wollte er sich diese Bekanntmachung nicht gefallen lassen. Er verklagte den Verlag vor dem Landgericht Berlin und verlangte die Unterlassung der Veröffentlichung der Abbildung.

»Die Villa in Potsdam ist der einzige Luxus, den sich die Familie Jauch leistet.« So hieß es im Zusammenhang mit der Abbildung des Wohnhauses des Showmasters in »Heim & Welt« vom 15. 10. 2003. Durch diese Veröffentlichung fühlte sich der Moderator in seinem Recht auf Privatsphäre verletzt. In seiner Klage vor der ersten Instanz, dem Landgericht Berlin, führte er als Argument unter anderem an, dass die Anonymität seines Anwesens durch die Bekanntgabe aufgehoben sei. Dies begründe die Gefahr, dass das Wohnhaus in seiner Eignung als Rückzugsort beeinträchtigt werde, weil Schaulustige das Grundstück besuchten. Der Verlag sah das anders. Er berief sich auf das Grundrecht der Pressefreiheit. Auch wenn die Berichterstattung über die Lebens- und Wohnverhältnisse eines Prominenten in erster Linie das Bedürfnis nach oberflächlicher Unterhaltung befriedige, sei dies dennoch vom Grundrecht der Pressefreiheit gedeckt. Denn die Pressefreiheit gelte für alle Veröffentlichungen, ohne Rücksicht auf ihren Wert.

Privatsphäre contra Pressefreiheit
Die Richter des Landgerichts Berlin hatten nun abzuwägen. Sie beriefen sich zunächst auf die Rechtsprechung des Bundesgerichtshofs. Dieser hatte bereits in früheren Entscheidungen festgestellt, dass ein Grundstück dann der Privatsphäre zuzurechnen sei, wenn es dem Bewohner die Möglichkeit gebe, frei von öffentlicher Beobachtung zu sein. Ein Eingriff in die Privatsphäre sei aber regelmäßig nicht gegeben, wenn ein Grundstück von einer allgemein zugänglichen Stelle aus fotografiert und die Bilder dann verbreitet würden. Etwas anderes gelte, wenn Bilder aufgenommen würden, um sie unter Namensnennung des Betroffenen gegen dessen Willen zu veröffentlichen. Dadurch werde das Recht des Betroffenen auf Selbstbestimmung bei der Offenbarung seiner persönlichen Lebensumstände beeinträchtigt. Wie aber steht es mit der Pressefreiheit?

Das Grundrecht auf Pressefreiheit schützt auch rein unterhaltende Publikationen
Das Landgericht Berlin berief sich diesbezüglich auf ein Urteil des Bundesverfassungsgerichts (BGH) vom 15. 12. 1999 (Fundstelle: Neue Juristische Wochenschrift

2000, Seite 1021). Der BGH hatte in diesem Urteil festgestellt, dass die Pressefreiheit auch unterhaltende Publikationen und Beiträge sowie deren Bebilderung umfasse. Dies gelte grundsätzlich auch für die Veröffentlichung von Bildern, die Personen des öffentlichen Lebens in alltäglichen oder privaten Zusammenhängen zeigen.

Was wiegt im vorliegenden Fall schwerer: die Privatsphäre der Jauchs oder die Pressefreiheit?

Nun begannen die Richter mit der Abwägung der beiden Rechtsgüter: Die Veröffentlichung betreffe den Kernbereich der Privatsphäre nicht. Dies sei aber nicht entscheidend. Entscheidend sei, dass infolge der Aufhebung der Anonymität des Gebäudes Gefahr bestehe, dass das Grundstück in seiner Eignung als Rückzugsort für Günter Jauch und seine Familie beeinträchtigt werde. Diese Gefahr bestehe, obwohl in der Zeitschrift lediglich berichtet wurde, dass die Villa in Potsdam stehe. Zwar mag es für einen Ortsfremden nicht einfach sein, anhand des Bildes das Haus der Familie Jauch zu identifizieren, mit einem gewissen Aufwand sei dies jedoch möglich. Durch die Veröffentlichung werde zumindest anderen Bewohnern oder Besuchern des Stadtteils bekannt gemacht, wer die Villa bewohne. Daher drohe die Gefahr, dass Interessierte das Haus beobachten.

Kinder von Prominenten haben ein besonders starkes Schutzbedürfnis

Bei der Abwägung des Rechts dieser Familie auf Privatsphäre mit dem Recht auf Pressefreiheit müsse auch berücksichtigt werden, dass Günter Jauch das Grundstück mit seiner Lebensgefährtin und seinen minderjährigen Kindern bewohne. Die Kinder seien besonders schutzwürdig, weil sie sich zu eigenverantwortlichen Personen erst entwickeln müssten. Der Bereich, in dem sich Kinder frei von öffentlicher Beobachtung fühlen und entfalten dürfen, müsse deswegen umfassender geschützt sein als derjenige von Erwachsenen. Zwar gehe es im vorliegenden Fall nicht um die Veröffentlichung von Fotos, die Günter Jauch mit seinen Kindern zeigten. Die Veröffentlichung der Aufnahme des Wohnhauses begründe jedoch die Gefahr, dass die Eignung als Rückzugsort für die Familie beeinträchtigt werde. Der Moderator habe das Recht, auf seinem Grundstück nach Möglichkeit unbeobachtet mit seinen Kindern umzugehen. Die Richter des Landesgerichts Berlin kamen daher zu dem Ergebnis, dass unter den gegebenen Umständen die Pressefreiheit zurückstecken müsse. Es sei zwar zutreffend, dass Günter Jauch der beliebteste Moderator Deutschlands sei und dass viele Menschen wissen möchten, wie er lebt. Diese Interessen beträfen jedoch keine für die Allgemeinheit wichtigen Belange. Die Berichterstattung befriedige die Neugier der Leser und deren Bedürfnis nach Unterhaltung. Der Schutz der Persönlichkeit von Günter Jauch und seiner Familie dagegen wiege hier schwerer. Der Verlag wurde daher zur Unterlassung der Veröffentlichung verpflichtet und hat den Prozess damit verloren. Da sie dieses Urteil für falsch hielten, legten die Verantwortlichen des Verlags Berufung ein. Ohne Erfolg. Das angerufene Kammergericht schloss sich den Argumenten des Erstgerichts an und wies die Berufung zurück (Fundstelle: NJW 2005, Seite 2320 ff.).

Hat jedoch ein Prominenter nie etwas dagegen unternommen, dass sein Wohnhaus und seine Adresse veröffentlicht wurden, so kann er später, wenn diese Daten der Allgemeinheit ohnehin schon bekannt sind, nicht mehr gegen eine weitere zusätzliche Veröffentlichung vorgehen.

4. Aufnahmen während gerichtlicher Verhandlungen

Grundsatz der Öffentlichkeit

Die Verhandlung vor Gericht einschließlich der Verkündung der Urteile und Beschlüsse ist in Deutschland in allen gerichtlichen Verfahren grundsätzlich öffentlich. Öffentlichkeit bedeutet, dass auch am Prozess unbeteiligte Personen freien Zutritt zu den Gerichtsverhandlungen haben. In bestimmten Fällen darf die Öffentlichkeit ausgeschlossen werden, z.B. in Familien- und Kindschaftssachen oder wenn eine Gefährdung des Lebens, des Leibes oder der Freiheit eines Zeugen zu befürchten ist.

Wann sind Aufnahmen gestattet?

Vor und nach einer Gerichtsverhandlung sind Aufnahmen aller Art, wie etwa Fernseh- und Rundfunkaufnahmen, grundsätzlich gestattet. Dasselbe gilt für Verhandlungspausen. Wenn die Gerichtsverhandlung beginnt, darf nicht weiter aufgenommen werden. Denn während einer Verhandlung sind alle Arten von Aufnahmen unzulässig. Dies ist gesetzlich im Gerichtsverfahrensgesetz und dort in § 169 Satz 2 geregelt. Damit soll die Gefahr der verfälschenden bzw. sensationshaschenden Berichterstattung entgegengewirkt und die sachliche Atmosphäre eines Prozesses gewährleistet werden. Die Prozessbeteiligten sollen nicht an den Pranger gestellt werden oder sich in der Öffentlichkeit produzieren. Es dürfen aber Zeichnungen angefertigt und es darf mitgeschrieben, insbesondere auch mitstenografiert werden.

Mögliche Anordnungen durch den Vorsitzenden Richter

Der Vorsitzende Richter hat das Recht und die Pflicht, vor, während und nach der Verhandlung »die Ordnung aufrecht zu erhalten«. So kann der Richter zum

Beispiel anordnen, dass auch vor und nach einer Verhandlung keine Aufnahmen gemacht werden dürfen. Solche Verbote wurden dann selbst zum Gegenstand gerichtlicher Verfahren. Gegen die Anordnungen eines Vorsitzenden Richters kann nur vor dem Bundesverfassungsgericht vorgegangen werden.

Ein anschauliches Beispiel ist nachfolgender Fall:

> Am 19. März 2007 begann vor dem Landgericht Münster die Verhandlung gegen 18 Bundeswehrausbilder, die Rekruten in einer Kaserne im westfälischen Coesfeld misshandelt haben sollen. Im Vorfeld der Verhandlung ordnete der Vorsitzende der Strafkammer den Ausschluss von Foto- und Fernsehteams aus dem Sitzungssaal für einen Zeitraum von 15 Minuten vor Prozessbeginn und zehn Minuten nach Prozessende an. Das ZDF wollte sich das nicht gefallen lassen, zog vor das Bundesverfassungsgericht und gewann.
>
> Das Bundesverfassungsgericht stellte fest, dass die Anordnung des Strafkammervorsitzenden das ZDF in seinem Grundrecht auf Rundfunkfreiheit verletze. Zu diesem Ergebnis war es nach einer Abwägung der Interessen der Öffentlichkeit an der Berichterstattung mit den Persönlichkeitsrechten der Beteiligten gekommen. Das Gericht führte dazu unter anderem aus, dass das Informationsinteresse an dem Strafverfahren besonders hoch sei. Denn die Sache würde sich deutlich aus dem Bereich des Alltäglichen herausheben, sodass die Aufklärung der Vorgänge auf großes öffentliches Interesse stoße. Es dürfe hier nicht schematisch unterstellt werden, dass Bildaufzeichnungen vor und nach der Verhandlung eine die Entscheidungsfindung erschwerende Verunsicherung der Angeklagten hervorrufe. Gerade da es sich bei den Angeklagten um berufserfahrene Offiziere und Unteroffiziere der Bundeswehr handle, liege diese Befürchtung nicht auf der Hand.
>
> Den vom Vorsitzenden angeführten Problemen, die aus der räumlichen Enge des Sitzungssaals resultieren könnten, hätte durch geeignete Vorkehrungen Rechnung getragen werden können, etwa durch die Beschränkung der Aufnahmen im Rahmen einer Pool-Lösung.

Bereits Mitte der 70er-Jahre wurde anlässlich der Terrorismusprozesse nach Lösungen gesucht, wie Störungen von Prozessen durch die Berichterstattung mehrerer Fernsehteams verhindert werden könnten. Auf Vorschlag der seinerzeitigen ZDF-Redaktion Recht und Justiz einigten sich verschiedene Fernsehsender auf eine so genannte Pool-Lösung: Danach wird bei einem Prozess jeweils lediglich ein aus drei Personen bestehendes Kamerateam im Gerichtssaal tätig. Dieses Team stellt seine Aufnahmen anschließend allen anderen an dem Verfahren interessierten Rundfunkveranstaltern zur Herstellung eigener Beiträge ungeschnitten und kostenlos zur Verfügung. Bei der Bestellung des »Pool-Führers« verständigen sich die beteiligten Rundfunkveranstalter auf einen turnusgemäßen Wechsel.

5. Einzelfragen

Darf ich Namen nennen?

Geht es um die Berichterstattung über Personen etwa in Zeitungen, so werden die Betroffenen fast immer nur mit Vornamen und dem Anfangsbuchstaben des Nachnamens genannt. Häufig findet man auch ein Sternchen direkt hinter dem Namen, zu dem in der Fußnote erklärt wird, dass der Name von der Redaktion geändert worden sei. Grund dafür ist das allgemeine Persönlichkeitsrecht der Betroffenen. Nur dann, wenn die Betroffenen in eine Berichterstattung oder Dokumentation unter Nennung ihres gesamten Namens eingewilligt haben, können sie gefahrlos genannt werden.

Aber auch Fantasienamen können bedenklich sein. Achten Sie darauf, dass kein mit einer lebenden Person identischer Vor- und Nachname gebraucht wird. Allerweltsnamen wie Mayer oder Müller sind dabei meist gefahrlos zu verwenden, denn diesen Namen fehlt die sogenannte Kennzeichnungskraft. Wenn aber die erforderliche Kennzeichnungskraft gegeben ist, kann der betroffene Namensträger die Benutzung seines Namens dann verbieten, wenn der Namensgebrauch zu einer Verwechslung führen kann. Eine Verwechslungsgefahr kann gegeben sein, wenn das Publikum eine Identität von tatsächlichem Namensträger und dem entsprechenden Namensträger im Film oder zumindest personelle oder organisatorische Zusammenhänge annimmt. Hierzu folgendes Beispiel aus der Rechtsprechung:

> In einer Fernsehserie über einen Gutshof auf dem Lande ging es um die fiktive Landwirtsfamilie mit dem Namen »von Frankenberg«. Dadurch fühlte sich ein Münchner Bankkaufmann Namens »von Frankenberg« in seinem Namensrecht verletzt. Die Richter des Oberlandesgerichts München (Fundstelle: ZUM 1996, Seite 526 – Frankenberg) wiesen die Klage ab. Eine Verwechslungsgefahr sei hier aufgrund der unterschiedlichen beruflichen Aktivitäten nicht zu befürchten.

Dürfen Adressen, Telefonnummern, Kfz-Kennzeichen genannt werden?

Soweit Sie keine Einwilligung dazu haben, sollten Sie auf die Verwendung konkreter Adressen, Telefonnummern, Kfz-Kennzeichen und alles, was geeignet ist, eine bestimmte Person oder ein bestimmtes Unternehmen zu kennzeichnen, verzichten. Aber auch bei Fantasietelefonnummern ist Vorsicht geboten. Stellen Sie immer sicher, dass die von Ihnen gewählte Zahlenkombination keine Telefonnummer einer realen Person ist. Denn die Bekanntgabe einer Telefonnummer kann die Privatsphäre verletzen. Schlimmstenfalls kommen Unterlassungs- und Schadensersatzansprüchen auf Sie zu.

Das Recht an der eigenen Stimme

Durch das Persönlichkeitsrecht wird auch die Stimme eines Menschen geschützt. Hier drohen sogar strafrechtliche Folgen. Durch das Strafgesetzbuch (dort § 201) wird mit Freiheitsstrafe von bis zu drei Jahren oder Geldstrafe gedroht, wer das nicht öffentlich gesprochene Wort eines Anderen mithilfe eines Abhörgeräts abhört, auf Tonband aufnimmt oder eine solche Aufnahme gebraucht.

Danach sind also jede Stimmaufnahme und deren Verbreitung strafbar. Etwas anderes gilt natürlich dann, wenn die betroffene Person ihre Einwilligung in die Aufnahme erklärt hat. Lassen Sie sich in einem solchen Falle immer eine schriftliche Einwilligungserklärung unterzeichnen, da hier besondere Risiken lauern.

Das Recht an der eigenen Stimme hat aber auch noch eine weitere Bedeutung: So wurde etwa nach dem Tod von Heinz Erhardt ein Radiowerbespot aufgenommen, in dem ein Stimmenimitator die Stimme von Heinz Erhardt zur Bewerbung eines Produkts imitierte. Der Sohn von Heinz Erhardt klagte dagegen und gewann (Entscheidung des Oberlandesgerichts Hamburg, abgedruckt in NJW 1990, Seite 1995).

Postmortaler Schutz

Das allgemeine Persönlichkeitsrecht gilt auch über den Tod hinaus. Der Ehren- und Achtungsschutz Verstorbener sowie auch die kommerziellen Bestandteile (siehe Fall Heinz Erhardt) werden von den Erben wahrgenommen. Der postmortale Schutz nimmt aber mit den Jahren ab. Die Dauer des Schutzes richtet sich nach der Bedeutung des Betroffenen, seinem fortbestehenden Bekanntheitsgrad und der Schwere des Eingriffs. Im Einzelfall kann er 30 Jahre und länger nach dem Tod bestehen.

Das Persönlichkeitsrecht von Unternehmen und politischen Parteien

Auch Wirtschaftsunternehmen und politische Parteien sind durch das allgemeine Persönlichkeitsrecht geschützt.

Wie schnell dieses Unternehmerpersönlichkeitsrecht verletzt werden kann, haben etwa die Produzenten des Filmes »Schtonk« zu spüren bekommen:

> Der satirische fiktionale Film basierte auf einer wahren Geschichte, der Veröffentlichung angeblicher Tagebücher Adolf Hitlers durch die Zeitschrift »Stern«. In dem Film sollte die Zeitschrift »Express« genannt werden. Nun existiert aber tatsächlich eine Zeitung mit dem Namen »Express«. Der Verlag wollte sich die Nutzung dieses Zeitungsnamens im Zusammenhang mit den gefälschten Tagebüchern nicht gefallen lassen. Der Fall ging durch zwei Instanzen und die Produktionsfirma verlor. Das allgemeine Persönlichkeitsrecht des Verlagsunternehmens sei durch die Nutzung des Namens »Express« im Film verletzt worden. Denn die Nutzung sei ruf- und geschäftsschädigend (Fundstelle zweite Instanz: OLG Köln, GRUR 1992, Seiten 640).

Hier ein weiterer Fall, der vom Kammergericht Berlin entschieden wurde:

> **Diebstahls-Doku mit Darstellern**
>
> Die Sat.1-Infoshow »Newsmaker« plante einen Bericht über die »Sicherheit in der Bahn«. Dabei sollte das Diebstahlrisiko illustriert werden, dem Bahnkunden in den Zügen ausgesetzt sind. Um diesen Stoff mit Leben zu füllen, ließ sich die Redaktion etwas ganz Besonderes einfallen:
>
> Zwei Schauspieler inszenierten einen vermeintlichen Diebstahl in einem Zugabteil. Der erste Darsteller setzte sich zu den – natürlich ahnungslosen – Bahnreisenden. Etwas später verließ er kurz das Abteil. Daraufhin kam ein zweiter Schauspieler herein und nahm die Jacke des ersten mit sich. Die übrigen Fahrgäste blieben nicht tatenlos. Vielmehr stellten sie den vermeintlichen Dieb zur Rede und verfolgten diesen im Zug. Die Reaktion der Bahnreisenden wurde mit versteckter Kamera aufgenommen. Im Anschluss daran wurden die Fahrgäste über den Hintergrund des Geschehens unterrichtet. Diese erklärten sich auch alle mit der Ausstrahlung der Aufnahmen einverstanden. Eine Dreherlaubnis der Bahn hatte der Produzent allerdings nicht. Im Mai 1999 wurde der so entstandene Film in Sat.1 gezeigt. Zu den weniger begeisterten Zuschauern gehörte jedoch die Deutsche Bahn AG.
>
> Sie beantragte den Erlass einer einstweiligen Verfügung. Mit dieser Maßnahme sollte dem Sender untersagt werden, die Filmaufnahmen, die ohne Genehmigung

in den Zügen gemacht wurden, nochmals zu veröffentlichen. Dem Antrag wurde stattgegeben. Gegen diese Maßnahme wollte sich wiederum der Fernsehsender zur Wehr setzen: Sat.1 legte Berufung gegen die einstweilige Verfügung ein.

Schutz auch für die AG?

Die Deutsche Bahn berief sich auf ihr allgemeines Persönlichkeitsrecht. Die Aufnahmen seien unter Verstoß gegen ihr Hausrecht gemacht worden. Hierzu stellte sich zunächst die Frage, ob eine Kapitalgesellschaft durch ein solches Recht überhaupt geschützt werden kann. Dies bejahte das Gericht: In Ausnahmefällen, besonders dann, wenn eine Kapitalgesellschaft in ihrem sozialen Geltungsbereich als Wirtschaftsunternehmen betroffen sei, könne ein solcher sogenannter Unternehmenspersönlichkeitsschutz durchaus bestehen. Das Hausrecht der Bahn gehöre zu diesem Bereich. Sie sei berechtigt zu regeln und zu bestimmen, unter welchen Voraussetzungen das Betreten und die Nutzung der Züge und Abteile gestattet werden. Wer sich einen Fahrschein kaufe, habe damit allein das Recht, mit der Bahn befördert zu werden. Eine darüber hinaus gehende Nutzung – jedenfalls ohne Einwilligung – sei nicht erlaubt.

Sat.1 wollte sich nun darauf berufen, dass eine Drehgenehmigung ja beantragt worden sei. Sie sei dann nur aufgrund eines Irrtums verweigert worden. Denn die Bahn sei davon ausgegangen, dass das Eigentum nichtsahnender Bahnkunden »gestohlen« werden sollte. Allein diesbezüglich habe sie die Einwilligung verweigert. Tatsächlich jedoch sollten nicht die Sachen der Mitfahrer, sondern nur die des Schauspielers zum Schein entwendet werden. Zu diesem Argument gab die Bahn AG zu bedenken, dass dem Vorhaben auch in der später verwirklichten Form nicht zugestimmt worden wäre. Das Kammergericht Berlin führte hierzu aus, dass nun mal keine Erlaubnis vorgelegen habe.

Freiheit der Berichterstattung

Der Sender zog nun das Grundgesetz heran. In Artikel 5 Absatz I Satz 2 ist die Freiheit der Berichterstattung durch Rundfunk und Film gewährleistet. Die Richter des Kammergerichts nahmen daraufhin eine Abwägung der Rechtsgüter vor – Unternehmerpersönlichkeitsrecht gegen Freiheit der Berichterstattung. Berücksichtigt wurde dabei, dass die Bahn nicht gegen die Berichterstattung als solche, sondern gegen die Art und Weise der Darstellung vorging. Die Pressefreiheit ist dadurch nur in einem Randbereich, nämlich dem »Wie«, nicht aber dem Hauptbereich, dem »Ob« betroffen. Zugunsten von Sat.1 ging das Gericht davon aus, dass der »Sketch« mit den Schauspielern im Abteil nicht bloß zu Unterhaltungszwecken oder als rein reißerische Aufmachung gewählt worden sei. Es sollte dem Zuschauer vielmehr ein nachhaltiger Eindruck verschafft werden. Dies hätte der Sender jedoch auch auf andere Weise erreichen können. Denn es handelte sich hier nicht um tagesaktuelle Geschehnisse, sondern es war Zeit genug, sich Geeigneteres einfallen zu lassen.

Auf der anderen Seite hielt es das Gericht für verständlich, dass die Bahn ihre Kunden vor versteckten Filmaufnahmen schützen möchte. Zugfahrer hätten ein berechtigtes Interesse daran, einer derartigen Situation gar nicht erst ausgesetzt zu werden. Es könne nicht ausgeschlossen werden, dass betroffene Kunden auf solche Vorfälle ungehalten reagieren und der Deutschen Bahn AG diesbezüglich Vorwürfe machen könnten. Dies solle auch dann gelten, wenn alle Kunden im Anschluss an die Aufnahmen ihre Zustimmung zur Veröffentlichung gegeben haben. Eine Abwägung zwischen der Freiheit der Berichterstattung und dem Unternehmenspersönlichkeitsrecht fiel hier eindeutig zugunsten der Bahn aus. Die Richter bestätigten damit die einstweilige Verfügung: Eine nochmalige Sendung des Berichts wurde Sat.1 untersagt (AZ: 9 U 8222/99).

Aufnahmen mit versteckter Kamera sind oft Gegenstand juristischer Streitigkeiten. Falls Sie beabsichtigen, Aufnahmen mit versteckter Kamera durchzuführen, sollten Sie sich im Vorfeld fachkundigen Rat einholen.

Um die Grenzen zulässigen investigativen Journalismus geht es in folgendem Beispiel:

Fall: Das Tierversuchslabor

In den siebziger Jahren hat Günther Wallfraff gezeigt, mit welch einfachen Mitteln man in die Höhle des Löwen vordringen kann: Zum Zweck der Recherche ließ er sich »undercover« als Mitarbeiter bei der Bild-Zeitung einstellen. Diesem Beispiel folgend bewarb sich ein Journalist und engagierter Tierversuchsgegner bei einem Unternehmen, das im Auftrag von Pharmafirmen Tierversuche mit einer bestimmten Affenart, den Makaken, durchführt. Er wurde als Tierpfleger eingestellt. Mit einer kleinen versteckten Kamera soll er in dem Unternehmen etwa 40 Stunden Filmmaterial über die Arbeitsweise und den Umgang mit den Versuchstieren gefertigt haben. Als das ZDF einen neunminütigen Beitrag unter Nutzung dieses Materials sendete, war die negative Resonanz groß. Das Unternehmen versuchte nun, den Journalisten und die Initiative für Tierrechte e.V., die er mit den Aufnahmen unterstützen wollte, mundtot zu machen.

Verpflichtung zur Geheimhaltung unterzeichnet

Nach seiner erfolgreichen Bewerbung unterschrieb der Journalist am 11. 3. 2003 einen Arbeitsvertrag, in dem er zur Geheimhaltung verpflichtet wurde. In der entsprechenden Klausel hieß es: »Herr N. verpflichtet sich, alle ihm aus seiner Dienststellung heraus bekannt werdenden Angelegenheiten und Vorgänge, Einrichtungen und Erfahrungen von D. (das Tierversuchslabor) gegen jedermann geheim zu halten... Diese Geheimhaltungspflicht bleibt auch nach Austritt aus dem Dienstverhältnis bestehen. ...«. In der Betriebsvereinbarung der Firma, die gemäß § 8 des Arbeitsvertrags in der jeweils gültigen Fassung Anwendung für das Arbeitsverhältnis finden sollte, heißt es: »Fotografier- und Filmverbot. Es ist nicht gestattet, ohne dienstlichen Auftrag Lichtbild- bzw. Filmaufnahmen jeglicher Art innerhalb des Betriebs zu machen.«

Trotz Geheimhaltungspflicht Filmaufnahmen gefertigt

Der Berichterstatter begann seine Tätigkeit als »Tierpfleger« und filmte von nun an mit versteckter Kamera den Umgang seiner Arbeitgeberin mit den Affen. Mit den zu gewinnenden Ergebnissen wollte er die Initiative für Tierrechte e.V. unterstützen. Nachdem er die Aufnahmen gefertigt hatte, kündigte er das Arbeitsverhältnis unter einem Vorwand.

Unter dem Titel »Tierversuche für den Profit« strahlte das ZDF am 9. 12. 2003 einen Beitrag aus, der aus dem Material des Journalisten zusammengestellt war. In Stellungnahmen, die zwischen die einzelnen Szenen geschaltet wurden, kritisierten Fachleute die Behandlung der Affen massiv und stellten diese als unrechtmäßig dar. Bei Demonstrationen, die die Initiative für Tierrechte e.V. veranstaltete, wurde das Filmmaterial zur Information der Öffentlichkeit mehrfach gezeigt. Auch ProSieben und Sat.1 berichteten in der Folgezeit unter Nutzung des Materials über die Tierversuche. Nach der Ausstrahlung des Berichts im ZDF leiteten der Oberbürgermeister der Stadt Münster sowie die Staatsanwaltschaft Untersuchungsmaßnahmen gegen das Labor ein.

Das Versuchslabor schlägt zurück

Nun wurde das Versuchslabor aktiv. Zunächst erwirkte das Unternehmen beim Landgericht Münster eine einstweilige Verfügung gegen den Reporter, mit der ihm verboten wurde, das Filmmaterial zu veröffentlichen sowie dieses oder davon erstellte Kopien weiterzugeben. Daneben ging das Unternehmen auch gegen die Initiative für Tierrechte e.V. vor. Auch dem Verein wurde nun verboten, Filmmaterial, das der Journalist auf dem Betriebsgelände aufgezeichnet hatte, in der Öffentlichkeit zu zeigen oder Dritten zu überlassen. Die Initiative wollte sich solche Verbote aber nicht auferlegen lassen und ging mit einem Widerspruch gegen die einstweilige Verfügung vor. Im Widerspruchsverfahren vor dem Landgericht Münster (AZ: 16 O 14/04, Urteil vom 4. 2. 2004) stellte sich das Labor auf den Standpunkt, die Aufnahmen seien illegal gefertigt worden. Das Unternehmen werde dadurch in seinem allgemeinen Persönlichkeitsrecht, das auch juristische Personen, also etwa Firmen schütze, verletzt. Auch liege ein unerlaubter Eingriff in seinen Gewerbebetrieb vor und das Recht auf informationelle Selbstbestimmung sei verletzt. Die Veröffentlichungen seien manipulativ ausgewählt worden. Durch gezieltes Auslassen wesentlicher Vorgänge und eine willkürliche Zusammenstellung der gefilmten Sequenzen solle der Betrachter den Schluss ziehen, das Versuchslabor missachte in seinem Betrieb tierschutzrechtliche Regelungen. Das Labor halte die Vorschriften des Tierschutzgesetzes jedoch ein. Dagegen argumentierte der Verein, dass das Filmmaterial massive Verstöße gegen das Tierschutzgesetz zeige. Die Öffentlichkeit habe daher ein überragendes Interesse an der Aufklärung. Der Tierschutz sei als Leitbild im Grundgesetz verankert.

Die Sachverständigen entscheiden
Das Gericht schlug sich allerdings schnell auf die Seite des Versuchslabors. Denn das Labor konnte Stellungnahmen ausgewiesener Fachleute vorlegen, die das Material in Augenschein genommen hatten. Eine Missachtung des Tierschutzgesetzes sahen sie nicht. Vielmehr warfen auch sie den Tierschützern Manipulationen vor: Verfälschungen bzw. Entfremdungen durch den Schnitt und die Zusammenstellung des Materials hätten den Anschein erweckt, dass das Tierschutzgesetz missachtet worden sei. Auch die Tatsache, dass der Berichterstatter seine Filmaufnahmen nur durch eine vorsätzliche und rechtswidrige Täuschung erlangen konnte, wurde von den Richtern berücksichtigt. Werden Informationen im Rahmen von rechtswidrigen Eingriffen in die geschützten Rechte, hier den Betrieb des Versuchslabors, erlangt, so dürfen diese nur dann verbreitet werden, wenn ein überragendes Interesse der Öffentlichkeit und des Grundrechtsträgers, in diesem Fall der Initiative für Tierschutz e.V., vorliegt. Ein solches Interesse sei hier aber nicht gegeben, da grobe Verstöße gegen das Tierschutzgesetz nicht festgestellt werden konnten. Es bleibe daher dabei: Der Verein dürfe die Aufnahmen nicht mehr öffentlich zeigen.

Der Verein und der Journalist wollten dieses Verbot nicht hinnehmen und gingen in die Berufung vor das Oberlandesgericht Hamm (AZ: 3 U 77/04). Dort hatte der Verein mehr Glück als in der ersten Instanz.

Die Veröffentlichung und Weiterverbreitung des Filmmaterials sei weder uneingeschränkt zulässig noch unzulässig, so das zunächst verwirrende Urteil der Richter des OLG. Zu dieser Einschätzung kamen die Richter aus folgendem Grund: Der Streit um das Versuchslabor hatte weite Kreise gezogen. So war es auch zu einem Verfahren zwischen der Stadt Münster und dem Versuchslabor gekommen. In diesem Verwaltungsrechtsstreit war ein neues Gutachten in Auftrag gegeben worden. Das Versuchslabor sollte von Grund auf inspiziert werden, damit endlich alle Zweifel ausgeräumt würden. Die dafür eingesetzten Schweizer Wissenschaftler begaben sich für zwei Tage direkt vor Ort – in das Labor. Dort wurden die Ausmaße der Käfige überprüft, die Pfleger beim Umgang mit den Tieren beobachtet und die Maßnahmen an den Affen sowie deren Reaktion darauf studiert. Nach diesen eingehenden Untersuchungen kamen die Gutachter zu dem Schluss, dass gegen die geltenden EU-Tierhaltungsrichtlinien nicht verstoßen worden sei. Die Käfige seien groß genug und strukturiert, es werde den Affen Spielzeug angeboten und das Herausfangen und der Transport der Tiere seien ordnungsgemäß erfolgt, jedenfalls in Gegenwart der Gutachter. Abnormales Verhalten der Affen hätten sie auch nicht feststellen können. Ganz ohne Kritik kam das Labor aber nicht davon. Die Haltungsbedingungen seien nicht optimal, denn eine Einzelhaltung der Affen sei nicht artgerecht. Gleiches gelte für die Etagenbauweise der Käfige. Zwar verstoße dies nicht gegen die geltenden EU-Richtlinien, aus Tierschutzsicht seien aber Verbesserungen vonnöten. Kritisch sahen die beiden Schweizer auch die Ausbildung der angelernten Tierpflegehelfer. Die Ausbildungszeit sei ungenügend, es handle sich hier lediglich um »learning by doing«. Gerade die Achtung vor der Kreatur durch die Pfleger sei nicht ausgeprägt. Auch würden die Tiere nicht bestmöglich an die notwendigen Fixierungen beim Herausnehmen und bei Eingriffen gewöhnt. Hier gebe es Verbesserungsbedarf. Dennoch: Der Vorwurf der strafbaren Tierquälerei sei vor diesem Hintergrund unberechtigt. Die Wissenschaftler nahmen sich dann die Filmausschnitte vor und kamen zu dem Ergebnis, dass aufgrund der einseitigen Szenenauswahl die tatsächlichen Verhältnisse nicht korrekt wiedergegeben worden seien.

Das Gericht maß diesem Gutachten besonderes Gewicht bei. Ganz offensichtlich liege hier eine ambivalente Situation vor. Zwar gebe es wohl keine Verletzungen der EU-Richtlinien, trotzdem seien offensichtliche Missstände zutage getreten. Die Öffentlichkeit müsse Gelegenheit haben, darüber informiert zu werden, um sich buchstäblich selbst ein Bild zu machen. Allerdings sei es nicht zulässig, mithilfe des Filmmaterials Tierquälereien oder Gesetzesverstöße zu unterstellen. Auch im Namen des Tierschutzes dürften keine verfälschenden Informationen verbreitet werden. Wer sich, wie hier der Verein, auf ein überwiegendes Informationsinteresse der Öffentlichkeit berufe, dürfe nicht der Versuchung unterliegen, die Öffentlichkeit unter Verwendung widerrechtlich erlangten Filmmaterials zu desinformieren, um durch den erzeugten öffentlichen Druck eigene Ziele durchzusetzen, noch dazu, wenn die Tierversuche als solche behördlich genehmigt seien.

Die Veröffentlichung des Films »Poisoning for Profit« sei daher unzulässig. Denn Szenen in diesem Film erweckten den Eindruck, als verletze das Versuchslabor fortwährend das Recht.

Dasselbe gelte für den zweiminütigen Beitrag, der auf Sat.1 ausgestrahlt worden war, sowie für drei ProSieben-Beiträge. Dort ist von »schwersten Fällen von Tierquälerei« die Rede. Die Affen würden »regelrecht gefoltert« und »gingen durch die Hölle, Tag für Tag«. Viele litten an »schweren Verhaltensstörungen«. Die Labormitarbeiter gingen mit »roher Brutalität« vor und empfänden Freude an der Qual der Tiere. Das, so die Richter, gehe effekthascherisch auf Sensation aus und sei grob verfälscht.

Die einseitige Szenenauswahl führe aber nicht dazu, dass das gesamte Filmmaterial nicht mehr gezeigt werden dürfe.

Anders beurteilte das Oberlandesgericht die beiden ZDF-Sendungen. Im Gegensatz zu »Poisoning for Profit« ständen diese nicht unter einem verfälschenden Leitmotiv und fielen auch nicht so reißerisch aggressiv aus wie die Beiträge in Sat.1 und ProSieben. Die erste ZDF-Sendung sei insgesamt relativ ausgewogen. Die zweite berichte überdies schwerpunktmäßig lediglich über die öffentliche Reaktion auf den in der Vorwoche ausgestrahlten Beitrag. Beide Sendungen hatten 3,5 Millionen Zuschauer. Gleichwohl war das Gericht der Auffassung, dass das öffentliche Informationsinteresse fortbestehen werde. Die beiden ZDF-Sendungen dürfen daher weiterhin gezeigt werden.

6. Wie weit darf ich gehen?

Dokumentarfilm

Beim reinen Dokumentarfilm, in dem ohne fiktionale Elemente tatsächliches Geschehen gezeigt werden soll, müssen die Begebenheiten auch wirklichkeitsgetreu dargestellt werden. Es dürfen dann grundsätzlich keine unzutreffenden Behauptungen aufgestellt werden. Von den Personen, die im Film gezeigt oder durch Darsteller in erkennbarer Weise nachgestellt werden, sind im Vorfeld die Einwilligungen einzuholen. Ausnahmen können bei Personen der Zeitgeschichte gelten.

Doku-Drama

Gerade in den vergangenen Jahren wurden immer mehr Fernseh- und Kinoproduktionen realisiert, deren Grundlage tatsächliche Geschehnisse sind, welche aber mit fiktionalen Elementen ausgeschmückt wurden. Und damit kam es zu einem sprunghaften Anstieg von Klagen durch Betroffene, die sich in ihren Persönlichkeitsrechten verletzt sahen. Im Folgenden eine kurze Übersicht über die maßgeblichen Entscheidungen:

Der Fall »Contergan – Eine einzige Tablette«

Der Contergan-Skandal sollte Thema einer zweiteiligen Fernsehproduktion werden. Noch bevor der Film fertiggestellt war, klagten im Jahre 2006 das betroffene Pharmaunternehmen sowie einer der seinerzeitigen Opferanwälte gegen die Ausstrahlung des Films. Sie sahen sich durch das Drehbuch in ihren Persönlichkeitsrechten verletzt. Vor dem Landgericht Hamburg (Fundstelle ZUM 2007, Seite 212 f.) konnten sie zunächst einen Sieg erringen. Das Gericht ging davon aus, dass die Kläger in ihren Persönlichkeitsrechten verletzt seien. Das Oberlandesgericht Hamburg (Entscheidungen des OLG Hamburg unter AZ: 7 U 142/06 und 7 U 143/06) hob die entsprechenden Entscheidungen aber größtenteils wieder auf, unter anderem mit folgenden Argumenten:

- Grundlage einer solchen Entscheidung könne immer nur der fertige Film, nicht aber das Drehbuch sein.

- Der Film sei ein Spielfilm und kein Dokumentarfilm. Das Schicksal einer Familie werde vor dem Hintergrund einer tatsächlichen Begebenheit – des Contergan-Skandals – dargeboten. Für künstlerische Freiheiten sei größerer Raum und der Wahrheitsmaßstab sei grundsätzlich weniger streng.

- Wenn ein Film Einblicke in das Privatleben eines Protagonisten – hier einem der seinerzeitigen Opferanwälte – gewähre, so erwarte der Zuschauer nicht, dass solche Einblicke in das Privatleben nach Verstreichen von 40 Jahren von einer hohen Wirklichkeitstreue getragen seien. Es erschließe sich für das Publikum vielmehr sofort, dass es sich um eine Fiktion handle.

In unter anderem folgendem Punkt gab das Gericht jedoch der Pharmafirma Recht:

- Wenn der Zuschauer den Eindruck bekommt, dass eine im Film gezeigte Handlung objektiv belegbar sei, müsse ein deutlich höheres Maß an die Wahrheitsnähe gelegt werden. Dementsprechend sei es nicht statthaft, im Film einen Privatdetektiv unbelegte, extrem bedenkliche Recherche- und Zermürbungstätigkeiten gegenüber den Opferanwälten ausführen zu lassen. Dies sei eine eindeutige Darstellung mit negativer Tendenz, und es erschließe sich einem verständigen Zuschauer nicht, ob es sich hierbei um belegbare historische Begebenheiten handle.

Mit kleinen Änderungen sollte der Film also gezeigt werden können.

Das Pharmaunternehmen war mit dieser Entscheidung nicht einverstanden, erhob Verfassungsbeschwerde und stellte einen Eilantrag gegen die Ausstrahlung des Films. Der Eilantrag wurde abgelehnt und der Film (dem Urteil des Oberlandesgerichts Hamburg entsprechend abgeändert) im Fernsehen ausgestrahlt.

Der Fall »Esra«

Eine weitere wegweisende Entscheidung traf der Bundesgerichtshof in der Sache »Esra«. Es ging dabei um den Roman des Schriftstellers Maxim Biller, der eine Liebesgeschichte zum Gegenstand hat. Eine ehemalige Lebensgefährtin des Autors sowie deren Mutter sahen sich in dem Roman porträtiert und klagten gegen die Veröffentlichung. Mit Recht, so der Bundesgerichtshof (AZ: VI ZR 122/04). Zumindest für einen gewissen Personenkreis sei die ehemalige Lebensgefährtin und deren Mutter in dem Buch erkennbar. Durch die teilweise intimen Schilderungen seien die Klägerinnen in ihren Persönlichkeitsrechten verletzt. Durch die Kunstfreiheit seien diese Persönlichkeitsrechtsverletzungen nicht zu rechtfertigen. Das Buch darf nicht in den Handel gebracht werden.

Der Fall »Der Baader Meinhof Komplex«

Die Constantin Film beabsichtigte, nach dem Buch von Stefan Aust mit dem Titel »Der Baader Meinhof Komplex« eine aufwendige Filmproduktion zu realisieren. Auch hier jedoch gab es erhebliche Probleme mit einer Betroffenen, einer der Töchter von Ulrike Meinhof.

Die 1962 geborene Tochter von Ulrike Meinhof hatte nicht in die Darstellung ihrer Person im Film eingewilligt. Um Ärger zu vermeiden, sandte die Constantin den beiden Töchtern der Ex-Terroristin vorab die Auszüge aus dem Drehbuch, die die beiden Frauen in ihrer Kindheit – dargestellt durch zwei Kinderdarstellerinnen – zeigen sollten. Es ging dabei um Szenen eines Familienurlaubs auf Sylt, des Auszugs von Ulrike Meinhof aus der gemeinsamen Wohnung mit dem Vater sowie der Entführung der Kinder durch ihre Mutter nach Sizilien. Eine der Schwestern war mit der Verfilmung nicht einverstanden. Sie wollte unter allen Umständen verhindern, dass ihr Bildnis als Kind, wie im Drehbuch geplant, veröffentlicht werden würde. Sie beantragte daher den Erlass einer einstweiligen Verfügung gegen die Produktionsfirma vor dem Landgericht München I (AZ: 9 O 9431/07). Das Gericht stellte zunächst fest, dass die Klägerin im geplanten Film eindeutig als Tochter von Ulrike Meinhof zu erkennen sei. Auch die Anwälte der Constantin widersprachen dem nicht. Es sei gerade die Absicht zu zeigen, dass das seinerzeitige RAF-Mitglied ein Familienleben und Kinder hatte. Damit, so die Richter, sei das Persönlichkeitsrecht der Klägerin betroffen. Die Szenen würden Geschehnisse im engsten familiären Bereich zeigen und damit ihre Privatsphäre berühren. Die Tochter von Ulrike Meinhof habe daher ein erhebliches Interesse daran, dass – möglicherweise traumatische – Kindheitserlebnisse nicht zum Gegenstand einer öffentlichen Diskussion gemacht werden.

Andererseits befasse sich der Film nicht hauptsächlich mit der Tochter, sondern mit der Mutter, Ulrike Meinhof. Bei Ulrike Meinhof handle es sich um eine Person der Zeitgeschichte. Denn bis heute ist die Baader-Meinhof-Gruppe bzw. die RAF Gegenstand politischer und historischer Auseinandersetzung. Es bestehe daher immer noch ein erhebliches Informationsbedürfnis der Öffentlichkeit. Zum Verständnis der Mitglieder der Baader-Meinhof-Gruppe sei es aus heutiger Sicht gerade auch von Bedeutung, in welchem Bezug ihr Handeln zu ihrem sozialen und familiären Umfeld stand. Dies sei zugunsten der Constantin Film zu berücksichtigen.

Die Richter nahmen nun eine Abwägung der beiden Grundrechte, einerseits des Persönlichkeitsrechts der Klägerin, andererseits der Meinungs- und Kunstfreiheit der Constantin vor. Das Landgericht München I kam dabei zu dem Schluss, dass das Recht auf Meinungs- und Kunstfreiheit hier überwiegt.

Eine sofortige Beschwerde der Klägerin beim Oberlandesgericht München (AZ: 18 W 1902/07) gegen das Urteil wurde abgewiesen.

Fazit: Wenn Sie über eine Person der Zeitgeschichte schreiben, beachten Sie also insbesondere folgende Maßgaben:

- Ihr Drehbuch darf grundsätzlich keine unwahre Darstellung enthalten, wenn Sie den Anspruch erheben, die Geschehnisse wirklichkeitsgetreu aufzuzeigen. Aber: Ausnahmen bestätigen die Regel, wie der Fall »Ponto« zeigt.
- Eine Darstellung, die in die Intim- und Privatsphäre eingreift, ist unzulässig.
- Der Grundsatz der Unschuldsvermutung muss gewahrt werden.
- Die Art und Weise der Darstellung darf den guten Ruf oder die Ehre der Betroffenen nicht verletzen.
- Auch das Genre spielt eine Rolle: Im Rahmen der Satire können Sie sich deutlich mehr erlauben als etwa beim reinen Dokumentarfilm.

Satire

Die Satire darf die Grenzen des guten Geschmacks überschreiten. Sie darf in übertriebener, verzerrter Darstellung kritisieren, sie darf ihren Gegenstand auch lächerlich machen. Ob eine Satire die Grenzen zur Persönlichkeitsrechtsverletzung übertritt, wird im Streitfall durch eine Güterabwägung entschieden. Dabei berücksichtigen die Gerichte üblicherweise die Schwere des Eingriffs, die Intensität der medialen Verbreitung und das mediale Vorleben des Betroffenen bzw. dessen Bekanntheit.

Dazu Beispielsfälle, die von Gerichten entschieden wurden:

Der Fall »Beleidigung einer 16-Jährigen durch Stefan Raab«

Tief in die Tasche greifen musste Stefan Raab, der Sender ProSieben und die beiden Produktionsfirmen von »TV total«, als sie von einem 16-jährigen Mädchen verklagt wurden, welches von Stefan Raab schwer beleidigt worden ist. In den Jahren 2001 und 2002 hatte Stefan Raab mehrfach einen Fernsehausschnitt verwendet, in dem die damals 16-jährige L. L. bei der Wahl zur »Miss Rhein-Ruhr« zu sehen war. In drei aufeinanderfolgenden Sendungen wurde der Satz des Mädchens »Mein Name ist L. L. und ich bin 16 Jahre alt« wiedergegeben und in ironischer Weise kommentiert. In einer späteren Sendung wurde das Interview erneut aufgegriffen und mit einer fiktiven »L. L.-Partei« und einem kurzen Filmausschnitt mit einem kopulierenden Paar unter Einbeziehung des Textes »L. für Alle« in Verbindung gebracht. Die Darstellerin in dem Filmausschnitt ähnelte dem jungen Mädchen. Auf der Internetseite von »TV total« wurde die gesamte Sequenz dann noch etwa eine Woche lang abrufbereit gestellt. Vor Gericht sagte die Schülerin, sie habe nach Ausstrahlung der Sendungen erheblich unter den Hänseleien gelitten. Sie habe obszöne Anrufe erhalten, sei auf offener Straße beleidigt und mit Spottgesängen verhöhnt worden. Sie habe deshalb sogar eine Psychotherapie machen müssen.

Das Oberlandesgericht Hamm stellte fest, dass es sich hier um massive Persönlichkeitsrechtsverletzungen handele. Zwar könne Satire einen beachtlichen Freiraum beanspruchen, dürfe eine Person aber im Kernbereich nicht verletzen. Vor allem sei zu berücksichtigen, dass die Schülerin bei der Ausstrahlungen der Sendungen noch minderjährig war.

Dem Mädchen wurde eine Entschädigung in Höhe von 70.000 Euro zugesprochen. Die von Stefan Raab, dem Sender und den Produzenten eingelegte Revision wurde vom Bundesgerichtshof zurückgewiesen (Fundstelle: OLG Hamm ZUM 2004, Seite 388 – TV total; Zurückweisung der Revision BGH I Z R 42/05).

Der Fall »Die Münzen-Erna«

In der RTL-Nacht-Show, einer Talk-Show mit humoristisch-satirischem Charakter, war Ende Juni 1994 Prinzessin Erna von Sachsen zu Gast. Sie hatte sich gegen Zahlung eines Honorars von 1000 DM dazu bereiterklärt. Vor der Aufzeichnung ihres Auftritts wirkte sie an der Produktion eines kurzen Einspielfilms mit, der sie bei der »Spende blauen Blutes« zeigt und der im Anschluss an das Talkshow-Gespräch gesendet wurde.

Prinzessin Erna von Sachsen ist keine geborene Adelige, sondern hat ihren Titel durch Heirat erworben. Sie hat danach den Witwer der Schauspielerin Helga Feddersen adoptiert und durch Auftritte in der Öffentlichkeit und Interviews in der Boulevard-Presse einen gewissen Bekanntheitsgrad erlangt. Im Gespräch zwischen dem RTL-Moderator und der Prinzessin ging es in erster Linie um ihre Einheirat in den sächsischen Adel. Da Erna von Sachsen Numismatikerin war und ihren Ehemann auf einer Münzentagung kennen gelernt hatte, erwähnte der Moderator, es sei ihm aus dem Publikum zugerufen worden, die Prinzessin habe auch den Namen »Münzen-Erna«. Außerdem sprach der Moderator Eheschließungen und Adoptionen der Adeligen an und stellte dabei finanzielle Motive heraus. Dies kränkte die Prinzessin sehr. Nach der Sendung verklagte sie den Moderator auf Zahlung von Schmerzensgeld wegen Verletzung ihres allgemeinen Persönlichkeitsrechts. Sie machte geltend, der RTL-Mann habe sie vor den Zuhörern und Zuschauern der Sendung als gewinnsüchtige Person ohne jegliche Moral vorführen wollen. Vor allem rügte sie, ihr sei vom Moderator unterstellt worden, sie habe ihren Ehemann allein wegen seines Titels geheiratet und mache mit dem so erlangten Titel Geschäfte. Auch führte sie an, dass der Moderator entgegen einer vorher getroffenen Absprache die Adoption von Herrn O. M. erwähnte und dass er sie – aufgrund eines erfundenen Zurufs aus dem Publikum – als Münzen-Erna bezeichnet habe.

In der ersten Instanz vor dem Amtsgericht hatte die Prinzessin damit keinen Erfolg. Eine Persönlichkeitsrechtsverletzung sah das Amtsgericht nicht als gegeben. Die Klage wurde abgewiesen. Erna von Sachsen zog nun vor das Landgericht und legte Berufung ein. Das Landgericht sah die Sache anders als das Amtsgericht: Die Nennung des angeblichen Spitznamens »Münzen-Erna« sei in der konkreten Situation objektiv geeignet und auch dazu bestimmt gewesen, die Klägerin vor einem Millionenpublikum der Lächerlichkeit preiszugeben. Das anwesende Publikum habe – erwartungsgemäß – mit Applaus reagiert. Der »Gag« als solcher habe keinerlei Informationswert gehabt. Dem Moderator sei es allein darum gegangen, den Spitznamen irgendwie in das Gespräch einzubringen, um den gewünschten Effekt zu erzielen. Zwar habe sie an der Sendung, deren satirischer Charakter ihr bekannt gewesen sein dürfte, aus freien Stücken mitgewirkt. Jedoch seien auch Gäste einer Talkshow nicht rechtlos. Sie müssten es insbesondere nicht hinnehmen, vom Gastgeber beleidigt zu werden. Daher liege eine schwere Verletzung des Persönlichkeitsrechts vor. Das Landgericht billigte der klagenden Prinzessin als Genugtuung für die Bezeichnung »Münzen-Erna« ein Schmerzensgeld in Höhe von 3000 DM zu. Im Hinblick auf die anderen von der Prinzessin gerügten Punkte wies das Landgericht die Berufung zurück.

Dies wollte sich nun der RTL-Mann nicht gefallen lassen und er erhob Verfassungsbeschwerde beim Bundesverfassungsgericht. Die Richter stellten zunächst fest, dass das Grundrecht der Meinungsfreiheit des Moderators der Prüfungsmaßstab sei. Diesbezüglich habe das Landgericht Fehler gemacht. So habe es offenbar übersehen, dass es der Satire wesenseigen sei, Personen und Vorgänge zu überzeichnen. Die Satire arbeite mit Übertreibungen, Verzerrungen und Verfremdungen, auch um dadurch beim Zuhörer und Zuschauer Lacheffekte hervorzurufen. Da dies vom Landgericht nicht berücksichtigt worden sei, sei es zu einer inhaltlich einseitigen Würdigung der Sache gekommen. Wegen ungenügender Beachtung der Satirefreiheit hob das Bundesverfassungsgericht die Verurteilung zur Zahlung eines Schmerzensgeldes auf. Die Sache wurde an das Landgericht zurückverwiesen. Das Landgericht hat die Sache nochmals unter Beachtung der vom Bundesverfassungsgericht aufgezeigten Beanstandungen zu verhandeln und zu entscheiden.

(Beschluss des Bundesverfassungsgerichts vom 12. November 1997, AZ: 1 BvR 2000/96)

7. Die Folgen bei Rechtsverletzungen

Haben Sie eine Persönlichkeitsrechtsverletzung verursacht, kann dies sehr unangenehm werden. Denn je nach Lage des Einzelfalls kann der Verletzte folgende Ansprüche geltend machen:

- Unterlassung,
- entweder mit einer einstweiligen Verfügung oder im Wege der sogenannten Hauptsacheklage. Dann kann der Film gegebenenfalls nicht veröffentlicht werden oder aber er muss vor Veröffentlichung geändert werden;
- Zahlung des ersparten Honorars;
- Schadensersatz und Geldentschädigung;
- Gegendarstellung und Berichtigung, nur wenn die Veröffentlichung eine Tatsachenbehauptung enthält;
- Vernichtung oder Herausgabe des Bildmaterials;
- Auskunftserteilung.

Außendreh, Dreh am Motiv, Dreh bei Veranstaltungen

1. Wann sind Drehgenehmigungen erforderlich?

Dreharbeiten auf öffentlichen Straßen oder Plätzen bedürfen meist einer Drehgenehmigung der Behörden. Fragen Sie in jedem Fall rechtzeitig bei der betroffenen Gemeinde an.

Sind für Filmaufnahmen Straßensperrungen, Halteverbote oder andere den Verkehr beeinträchtigende Maßnahmen erforderlich oder finden die Dreharbeiten auf dem Wasser, im Naturschutzgebiet, aus der Luft oder bei Nacht statt, müssen gegebenenfalls weitere Stellen kontaktiert werden. Wer jeweils zuständig ist, erfahren Sie von der betreffenden Gemeinde.

2. Panoramafreiheit

Unabhängig von der Drehgenehmigung gilt: Das Filmen von urheberrechtlich geschützten Werken, wie etwa Brunnen, Skulpturen oder besonders gestalteten Häusern, ist aus urheberrechtlicher Sicht zulässig, solange die Aufnahmen vom öffentlichen Grund und Boden aus erfolgen und die Motive von dort aus frei einsehbar sind. Unter öffentlichem Grund und Boden versteht man jeden Gehsteig, jede Straße aber etwa auch einen Wanderweg. Aber Vorsicht: Bahnhofshallen gehören nicht dazu, da sie in der Regel allein für den Bahnhofsverkehr vorgesehen sind.

Beachten Sie dabei, dass dies wirklich nur insoweit gilt, als es jedem anderen Fußgänger oder Autofahrer auch möglich wäre, das betroffene Motiv zu sehen. Unzulässig ist daher zum Beispiel, eine Leiter zuhilfe zu nehmen, um über eine Mauer oder Hecke schauen zu können, ebenso ein Teleobjektiv oder einen Kran zu benutzen. Ebenso wenig darf man eine Hecke auseinanderbiegen oder ein Loch in einen Bretterzaun bohren, oder vom Balkon oder vom Dach eines benachbarten Gebäudes filmen.

Wichtig ist auch die Voraussetzung, dass sich das betroffene Werk (also etwa der zu filmende Brunnen oder die Skulptur) bleibend an seinem öffentlichen Standort befindet. Daher gilt die Vorschrift nicht für Werke von Künstlern, die nach einiger Zeit wieder abgebaut werden.

(Am Beispiel »Die Villa von Günter Jauch« wird allerdings deutlich, dass es auch hier Ausnahmen geben kann. Wenn es sich also um Gebäude von Prominenten handelt, ist grundsätzlich Vorsicht geboten und sicherheitshalber rechtlicher Rat einzuholen.)

Exkurs: Google Streetview

Die Kameras der Google-Autos befinden sich auf drei bis vier Metern Höhe. Dies ist nicht mehr die Perspektive der Passanten und Autofahrer. Urheber von Bauwerken und andere Berechtigte können damit gegen die Abbildung ihrer Bauwerke in Google Street View rechtlich vorgehen.

3. Das Hausrecht

Wenn das gewünschte Motiv nicht vom öffentlichen Grund und Boden aus aufgenommen werden kann, sondern nur beim Betreten von Privateigentum, etwa einer Wohnung, eines Ladengeschäfts, einer Firma oder eines Büros, muss grundsätzlich eine Einwilligung vom Berechtigten eingeholt werden. Dies ist üblicherweise der Eigentümer oder der Mieter. Das gilt auch für Gebäude und Motive, die zwar für die Öffentlichkeit bestimmt sind, aber einem Hausrecht unterliegen wie z.B. Ämter, Museen oder Bahnhofshallen. Die Erlaubnis, ein Gebäude zu betreten, bedeutet nicht zugleich die Erlaubnis zu filmen. Gegen den Willen des Berechtigten zu filmen verletzt das Hausrecht. Der Berechtigte kann die Verwertung dieser Aufnahmen verhindern.

Wenn der Berechtigte in die vorgesehenen Filmaufnahmen einwilligt, sollten Sie mit ihm einen Motivnutzungsvertrag schließen. Im Folgenden werden die wichtigsten Punkte des Motivnutzungsvertrags erläutert:

4. Der Motivnutzungsvertrag

Gegenstand des Vertrags

Gegenstand des Motivnutzungsvertrags ist die Erteilung einer Einwilligung in die Filmaufnahmen durch den Berechtigten an den Filmhersteller. Lassen Sie sich von der Person, die sich als berechtigt ausgibt, auf jeden Fall versichern, dass sie tatsächlich befugt ist, den Motivnutzungsvertrag zu schließen.

Geben Sie weiterhin den Titel bzw. Arbeitstitel Ihres Filmes im Vertrag an.

Drehort

Hier sind der Drehort und die einzelnen Schauplätze (zum Beispiel bestimmte Zimmer in einer Pension) genau zu benennen.

Drehzeit
Geben Sie die Drehzeit großzügig an, damit Sie zeitliche Reserven haben, falls es Verzögerungen bei den Dreharbeiten gibt.

Sorgfaltspflicht, bauliche Veränderungen
Der Filmhersteller versichert dem Vertragspartner üblicherweise, die Aufnahmen mit größtmöglicher Sorgfalt durchzuführen. Eventuelle, durch die Dreharbeiten bedingte, bauliche Veränderungen erfolgen nur nach Absprache mit dem Vertragspartner. Der Filmhersteller verpflichtet sich, das Motiv nach Beendigung der Dreharbeiten in seinem ursprünglichen Zustand zu übergeben.

Funktionsfähigkeit des Motivs
Der Vertragspartner soll Ihnen vertraglich versichern, dass das Motiv – wie besichtigt – funktionsfähig ist (Wasser, Stromanschluss etc.).

Haftung des Filmherstellers
Für die Dauer der Nutzung des Motivs durch den Filmhersteller übernimmt der Filmhersteller die Haftung für sämtliche Schäden, die in ursächlichem Zusammenhang zu den Dreharbeiten stehen und die vom Filmhersteller oder einem seiner Mitarbeiter verschuldet wurden. Der Filmhersteller schließt für diesen Fall in der Regel eine Haftpflichtversicherung ab. Außerdem stellt der Filmhersteller den Vertragspartner von allen rechtmäßig erhobenen Ansprüchen von Seiten Dritter frei, die in ursächlichem Zusammenhang zu den Dreharbeiten stehen und durch eine produktionsbedingte Tätigkeit des Filmerstellers entstanden sind.

Übergabeprotokoll/Schadensmeldung
Um bei der Rückgabe des Motivs Ärger zu vermeiden, sollten der Vertragspartner und die Filmproduktion vor Übergabe des Motivs ein Übergabeprotokoll erstellen und diesem Fotos beilegen, die den Zustand des Objekts dokumentieren.

Nach Beendigung der Dreharbeiten sind die genutzten Räumlichkeiten/Gebäude vom Vertragspartner und dem Filmhersteller oder einem Beauftragten des Filmherstellers auf eventuell entstandene Schäden durchzusehen. Der Vertragspartner verpflichtet sich, Schäden, die im Zusammenhang mit den Dreharbeiten entstanden sind, unverzüglich dem Filmhersteller nach Beendigung der Arbeiten anzuzeigen.

Vergütung
Am besten vereinbaren Sie ein Pauschalhonorar für die gesamte Nutzungszeit. Die Vergütung wird üblicherweise zu 50% bei Drehbeginn und zu 50% nach Abschluss der Dreharbeiten und Rückübergabe der Mietsache bezahlt.

Für den Fall, dass es aus produktionsbedingten Gründen nicht zur Nutzung des Motivs kommt, sollten Sie versuchen zu vereinbaren, dass keine Vergütung fällig wird.

Terminverschiebung/Wiederholung
Sollte es aufgrund unvorhergesehener Umstände, z.B. durch Erkrankung eines Darstellers oder Kopierwerksschäden, zu einer Verschiebung der Dreharbeiten kommen, sollten Sie vereinbaren, dass der Vertragspartner Ihnen das Motiv zum späteren Termin zu gleichen Bedingungen nochmals zur Verfügung stellt.

Rechteübertragung
Der Filmhersteller muss berechtigt sein, den Film mit oder ohne die in diesen bzw. vor diesen Motiven aufgenommenen Szenen sowie sämtliche dort geschaffene Fotografien auszuwerten in allen derzeit bekannten oder künftig bekannt werdenden Medien. Dementsprechend sollten Sie sich mit dem Motivnutzungsvertrag alle Rechte gemäß der üblichen Rechteanlage einräumen lassen. Fügen Sie die Rechteanlage dem Vertrag bei. Ein Beispiel für die übliche Anlage zur Rechteübertragung finden Sie im Anhang 1.

Schlussbestimmungen
Die Schlussbestimmungen sind jedem Vertrag anzufügen. Entnehmen Sie ein Beispiel für Schlussbestimmungen dem Anhang 2.

5. Filmen von Autos oder Tieren

Andere bewegliche Gegenstände wie etwa Autos auf Straßen dürfen gefilmt werden, sofern nicht über den Gegenstand eine Identifizierung des Eigentümers möglich ist (siehe Kfz-Kennzeichen). Denn damit könnte eine Verletzung des Persönlichkeitsrechts vorliegen. Auch Haustiere dürfen ohne Einwilligung aufgenommen werden, da sie nach dem Bürgerlichen Gesetzbuch wie Sachen zu beurteilen sind.

6. Drehen bei Veranstaltungen

Verwertungsrechte an Veranstaltungen wie Sportwettkämpfe, Theateraufführungen, Musikveranstaltungen stehen auch dem jeweiligen Veranstalter zu. Daher ist immer auch die Einwilligung des Veranstalters erforderlich.

Handelt es sich um Darbietungen von Künstlern, etwa Musikern oder Schauspielern, sind grundsätzlich auch die Einwilligungen der Künstler einzuholen.

7. Berichterstattung über Tagesereignisse

Im Rahmen der Berichterstattung über Tagesereignisse dürfen urheberrechtlich geschützte Werke ohne Rechteerwerb gezeigt werden. Voraussetzungen sind:
- es muss sich um aktuelle Vorgänge und Begebenheiten handeln
  und
- diese müssen für die Allgemeinheit oder einen Teil des Publikums von Interesse sein
  und
- die Länge muss sich im Rahmen des zur Information Erforderlichen halten.

Zur »Aktualität«
Bei einer Fernsehberichterstattung, die Tagesereignisse zum Inhalt hat, ist Aktualität nur wenige Tage gegeben.

Zum »Interesse der Allgemeinheit«
Im Interesse der Allgemeinheit können etwa Sportveranstaltungen, Preisverleihungen oder Ausstellungseröffnungen sein. Es muss sich um eine möglichst wirklichkeitsgetreue Wiedergabe der Ereignisse handeln. Nachträgliches Einfügen von Archivmaterial kann bereits Probleme mit sich bringen. So ist es beispielsweise nicht gestattet, bei einer Berichterstattung über die Auszeichnung eines Malers, bei der die Kunstwerke nicht gezeigt wurden, diese durch nachträgliches Einfügen in den Beitrag aufzunehmen.

Zur Länge
Die Berichterstattung muss sich auch immer in einem angemessenen Rahmen halten, darf also nicht ausführlicher sein als dies zur Information der Allgemeinheit erforderlich ist.

Folgender Fall befasst sich mit der Übernahme eines Ausschnitts aus »Deutschland sucht den Superstar« durch Sat.1:

In Sat.1-Frühstücksfernsehen wurde der Zusammenbruch eines 17-jährigen Kandidaten der Casting-Show »Deutschland sucht den Superstar« gezeigt. Er hatte eine vernichtende Bewertung des Jurors Dieter Bohlen erhalten. RTL wollte sich diese Berichterstattung nicht gefallen lassen und zog vor das Landgericht Köln. Dieses stellte sich ganz auf die Seite von RTL. Die Nutzung des Sendematerials von RTL durch Sat.1 sei rechtswidrig und Sat.1 müsse an RTL Schadensersatz bezahlen.

Hiergegen allerdings wandte sich Sat.1 mit einer Berufung beim Oberlandesgericht Köln. Die Richter dort waren nun ganz anderer Meinung:

Als Berichterstattung über aktuelle Tagesereignisse sei die Verwendung des Sendematerials zulässig gewesen. Tagesereignis sei jedes aktuelle Geschehen, das für die Öffentlichkeit von Interesse ist. Aktuell sei es, solange ein Bericht darüber von der Öffentlichkeit noch als Gegenwartsberichterstattung empfunden wird. Es sei unstreitig, dass die Casting-Show »Deutschland sucht den Superstar« auf großes Publikumsinteresse stoße. Schon nach früheren Sendungen sei es zu öffentlichen Diskussionen über die vielfach für unangemessen und menschenverachtend gehaltenen Äußerungen eines Jurymitglieds gekommen. Der Zusammenbruch eines Kandidaten vor laufender Kamera im Zusammenhang mit solchen Äußerungen während der Vorauswahl zu einer neuen Sendestaffel stelle sich vor diesem Hintergrund als ein die Öffentlichkeit bewegendes Ereignis dar. Dieses könne Gegenstand aktueller Berichterstattung sein.

Die Aufzeichnung des Vorfalls wurde durch RTL am 23.1. 2008 ausgestrahlt. Sat.1 sendete seinen Bericht am 24. und 25. Januar 2008. Damit stand die Berichterstattung in engem zeitlichen Zusammenhang.

Auch der Umfang der übernommenen Ausschnitte halte sich in zulässigem Rahmen: Insgesamt wurde etwa ein zweiminütiger Abschnitt aus der RTL-Sendung übernommen. Der redaktionelle Beitrag selbst hatte etwa eine Dauer von dreieinhalb Minuten.

Die Richter des Oberlandesgerichts Köln wiesen aber auch auf Folgendes hin: Ganz unabhängig von der aktuellen Berichterstattung sei die Übernahme des Sendematerials auch durch das Zitatrecht gedeckt. Die Ausschnitte seien von Sat.1 in einem kritischen Bericht als Belegstellen – mit deutlicher Quellenangabe – angeführt worden. Auch der durch den Zitatzweck gebotene Umfang der Übernahme halte sich im Rahmen des Zulässigen.

Die Klage von RTL wurde daher vom Oberlandesgericht Köln abgewiesen (AZ: 6 O 100/09, Urteil vom 30. 10. 2009. Vorinstanz: Landgericht Köln AZ: 28 O 811/08)

8. Recht der Kurzberichterstattung

Das Recht der Kurzberichterstattung stellt eine Spezialvorschrift für Fernsehsender dar. Jedem in Europa zugelassenen Fernsehveranstalter steht danach ein Recht zur nachrichtenmäßigen Kurzberichterstattung zu. Damit soll vermieden werden, dass einzelne Fernsehsender ein Monopol für die Berichterstattung über bestimmte Ereignisse erwerben. Dieses Recht betrifft aber nur Veranstaltungen und Ereignisse, die öffentlich zugänglich und von allgemeinem Informationsinteresse sind, etwa Konzerte oder Sportereignisse. Der Fernsehsender kann nach Anmeldung spätestens zehn Tage vor Beginn der Veranstaltung Zugang zur Veranstaltung und zu den bestehenden Übertragungskapazitäten verlangen. Der Veranstalter muss spätestens fünf Tage vor der Veranstaltung mitteilen, ob genügend räumliche und technische Möglichkeiten für die Aufzeichnung und Übertragung bestehen. Ist dies nicht der Fall, müssen die zugelassenen Fernsehveranstalter demjenigen, der nicht zugelassen werden kann, die Aufzeichnung bzw. den Zugang zum Sendesignal zur Verfügung stellen. Der Umfang der Berichterstattung ist dabei auf eine nachrichtenmäßige Länge beschränkt. Sie beträgt ca. 90 Sekunden, wenn es sich um kurzfristig wiederkehrende Veranstaltungen (etwa bestimmte Sportereignisse) handelt.

Achtung: Dieses Recht regelt keine Urheber- oder Persönlichkeitsrechte. Diese müssen dementsprechend gesondert geprüft werden.

Titelrecherche/Titelschutz

Nachdem der Film »Ein Käfig voller Narren« erfolgreich gelaufen war, hat ein anderer Produzent seinen Film »Ein Zwinger voll Verrückter« genannt. Dies ließen die Richter des Landgerichts München II sowie das Oberlandesgericht München (AZ: 6 U 3526/80) nicht durchgehen. Sie sprachen von »Schmarotzen«. Der Produzent hatte offensichtlich gehofft, dass das Publikum von einer Fortsetzung oder einem Vorgänger des erfolgreichen Films ausgeht. Sinn der Titelfindung »Ein Zwinger voll Verrückter« sei gewesen, so das Gericht, sich an den Erfolg des anderen Filmes anzuhängen. Die Verwendung des Titels wurde der Produktion verboten.

1. Worum geht es beim Titelschutz?

Beim Titelschutz geht es im Wesentlichen um zwei Dinge:

- Der von Ihnen für Ihr Projekt gewählte Titel soll nicht in gleicher oder ähnlicher Form für einen anderen Film genutzt werden, denn sonst könnte die Gefahr der Verwechslung zwischen den beiden Filmen entstehen.
- Außerdem soll durch den Titelschutz auch vor Nachahmern geschützt werden.
- Die Grundlagen des Schutzes für Filmtitel finden sich im Markengesetz und im Wettbewerbsrecht. Das Urheberrecht spielt hier in der Regel keine Rolle.

Wann liegt Verwechslungsgefahr vor?
Hier einige Beispiele aus der Rechtsprechung. Da es zu diesem Bereich nur wenige Entscheidungen gibt, sind auch sehr alte Urteile aufgeführt:

Verwechslungsgefahr wurde bei folgenden Titeln **bejaht:**

»Das Kabinett des Dr. Caligari«
und
»Das letzte Experiment des Dr. Caligari«
(Landgericht Berlin, Fundstelle: UFITA Bd. 6, Seite 72)

»Bericht einer 17-Jährigen«
und
»Roman einer 17-Jährigen«
(Oberlandesgericht Hamburg, Fundstelle: UFITA Bd. 21, Seite 337)

»King Kong«
und
»Queen Kong«
(Kammergericht Berlin, Fundstelle: UFITA Bd. 81, Seite 214)

»Superman«
und
»Supersonicman«
(Oberlandesgericht München, AZ: 6 U 4219/79)

Verneint wurde eine Verwechslungsgefahr bei folgenden Titeln:

»Drei Uhr nachts«
und
»Stockholm zwei Uhr nachts«
(Landgericht Hamburg, Fundstelle: UFITA, Bd. 26, Seite 252)

»Stahlnetz«
und
»Im Stahlnetz des Dr. Mabuse«
(Landgericht Hamburg, Fundstelle: UFITA, Bd. 38, Seite 81)

Wie Sie an den Beispielen erkennen können, richtet sich die Frage der Verwechslungsgefahr nach dem Sinn der Titel, der Klangwirkung und dem Wortbild. Letztendlich entscheidet aber der Gesamteindruck der beiden betroffenen Titel.

Schutz vor Nachahmern

Der Titelschutz soll auch »Trittbrettfahrer« abwehren. So wurde einem Produzenten die Nutzung des Titels »Cage der Kickboxer« untersagt. Ganz offensichtlich hatte er sich von den beiden erfolgreichen Filmen »Der Kickboxer« und »Cagefighter« inspirieren lassen. Ebenso erging es einem Sender, der seine Serie »Gute Nachbarn, schlechte Nachbarn« nennen wollte. Hier sollte ein »Imagetransfer« stattfinden , urteilten die Richter und verwiesen auf die erfolgreiche RTL-Serie »Gute Zeiten schlechte Zeiten«. Sie verboten dem Sender die Verwendung.

2. Voraussetzungen für den Titelschutz

Ihr Titel muss unterscheidungsfähig sein, damit der Zuschauer Ihren Film von anderen Filmen unterscheiden kann. Reine Gattungsbegriffe wie etwa »Reisefilm« für einen Reisefilm sind nicht geschützt. Ansonsten werden aber keine besonders hohen Anforderungen an einen Titel gestellt.

Freititel

Völlig frei nutzbar sind Titel zum Beispiel von historischen Persönlichkeiten (z.B. Napoleon), geografische Bezeichnungen (z.B. »Wolga«), historische Zeitangaben (etwa »Der 20. Juli«), Titel gemeinfreier Werke (etwa alte Märchen) oder reine Gattungsnamen oder Inhaltsbeschreibungen. Wer also einen Film über Napoleon macht, kann diesen Film auch »Napoleon« nennen, egal wie viele Filme es schon über Napoleon gibt, die »Napoleon« heißen.

Titelrecherche

Wenn Sie Ihren Titel auswählen, können Sie recherchieren lassen, ob dieser Titel noch frei ist. Solche Titelrecherchen führen verschiedene Firmen durch.

Wie schütze ich meinen Titel und wann beginnt der Schutz?

Der Titel Ihres Konzepts oder Drehbuchs hat zwei Aufgaben: Einerseits kennzeichnet er Ihr Buch, andererseits soll der spätere Film danach benannt werden. Bedeutung in der Praxis bekommt Ihr Titel als Bezeichnung für den herzustellenden Film.

Der Titelschutz beginnt automatisch mit der öffentlichen Vorankündigung, üblicherweise mit einer Titelschutzanzeige.

Wichtig dabei: Falls Sie einen schutzunfähigen Titel ausgewählt haben, bringt auch der Titelschutz nichts. Denn dieser macht einen schutzunfähigen Titel nicht schutzfähig.

Titelschutzanzeige

Eine Titelschutzanzeige kann in einer der Filmfachzeitschriften oder im Titelschutzanzeiger geschaltet werden. Titel von Kinofilmen können auch im SPIO-Titelregister eingetragen werden. (Die SPIO ist die »Spitzenorganisation der Filmwirtschaft e. V.«)

Ist eine Titelschutzanzeige veröffentlicht worden, so muss der Film mit dem geschützten Titel innerhalb einer angemessenen Frist tatsächlich vorbereitet werden. Sonst verfällt der Schutz. Als angemessene Frist ist ein Zeitraum von etwa sechs bis neun Monaten anzusetzen. Die Titelschutzanzeige kann jedoch auch wiederholt werden. Dann beginnt die Schutzfrist neu zu laufen.

Ist eine Anmeldung des Titels beim Patent- und Markenamt sinnvoll?
Die Eintragung Ihres Titels als Marke bringt einige Vorteile mit sich, ist aber teurer als eine Titelschutzanzeige.

- Falls Sie den Film nicht direkt im Anschluss an die Markenanmeldung vorbereiten oder herstellen können, ist das beim Markenschutz gar kein Problem: Sie haben eine Schonfrist von fünf Jahren. Sollten Sie den Titel dann immer noch nicht benutzt haben, verfällt er.
- Sie können den Titel auch für ein Buch zum Film, einen Fotoband und alle möglichen anderen Waren oder Dienstleistungen anmelden.
- Die Schutzfähigkeit wird vor der Eintragung durch das Markenamt geprüft. Sie haben dann – anders als bei der Titelschutzanzeige, die ungeprüft vorgenommen wird – die Sicherheit, dass der Schutz tatsächlich besteht. Bei der (bloßen) Titelschutzanzeige müsste dies im schlimmsten Fall vor Gericht geklärt werden.

Falls Sie Ihren Titel als Marke anmelden möchten, können Sie das Formular und Informationen hierzu im Internet herunterladen unter www.dpma.de.

Kann mein Titel Urheberrechtsschutz genießen?
Der Titel kann theoretisch auch durch das Urheberrecht geschützt sein. Praktisch hat man damit aber kaum eine Chance. In den Fällen, in denen Autoren urheberrechtlichen Titelschutz eingeklagt haben, haben sie fast immer verloren. Dieser Weg ist daher nicht ratsam.

Was tun, wenn mein von mir genutzter Titel später von einem anderen in identischer oder ähnlicher Weise genutzt wird?
Wenn die Gefahr einer Verwechslung der beiden Titel besteht, können Sie Unterlassung und gegebenenfalls Schadensersatz verlangen – wenn Ihr Titel schutzfähig ist.

3. Schutz ausländischer Filmtitel und Internet-Domains

Will ein Verleiher einen ausländischen Film mit dem Filmtitel in originaler oder wortgetreuer Übersetzung in Deutschland herausbringen, so muss er prüfen, ob der Titel in Deutschland noch frei, also noch nicht geschützt ist. Denn ist ein Titel bereits wirksam geschützt, so kann der Verleiher diesen Titel nicht mehr verwenden.

Internet-Domains mit den Filmtiteln haben für die Verwerter inzwischen eine erhebliche Bedeutung. Viele Privatpersonen wollten daher ein Geschäft daraus machen, verschiedenste Domains anzumelden und sich diese dann teuer abkaufen zu lassen. Daraus wurde aber nichts: Wer eine Domain nur aus dem Grund erwirbt, dass er sie später an Kennzeichnungsinhaber verkaufen kann, handelt rechtsmissbräuchlich und genießt keinen Schutz. Er muss gegebenenfalls die Domain aufgeben.

Verwendung von Ausschnitten

1. Unterscheidung zwischen Filmwerk und Laufbild

Wenn Sie das Ausschlüpfen eines Vogels aus einem Ei filmen möchten und Ihre Kamera der gängigen Technik entsprechend aufstellen, so schaffen Sie dadurch ein Laufbild und kein urheberrechtlich geschütztes Werk. Denn es fehlt bei Ihrer Tätigkeit an der erforderlichen geistigen Schöpfung, die die Voraussetzung für urheberrechtlichen Schutz darstellt. Das Gleiche gilt etwa bei Fernsehinterviews, bei denen die Kamera ausschließlich auf die beiden Interviewpartner gehalten wird oder wenn bei einem Naturfilm lediglich die Wirklichkeit abgebildet wird, ohne Rücksicht auf gestalterische Elemente.

Dokumentarfilme, die durch ein spezielles Konzept, durch Kameraführung, Schnitt, Auswahl des Materials durch die schöpferische Gestaltung des Kommentars etc. geprägt sind, sind in der Regel urheberrechtsschutzfähig.

Auch die sogenannten Laufbilder sind geschützt, aber nicht so weitreichend wie Filmwerke. Dennoch sind Rechte zu erwerben, wenn Ausschnitte aus Laufbildern verwendet werden sollen.

2. Verträge mit den Archiven

Soweit Sie für Ihren Film Archivmaterial verwenden wollen, sollten Sie zunächst überlegen, für welche Zwecke der Film genutzt werden soll. Denn nur für die Nutzungen, die in Frage kommen, sollten Sie die Rechte vom Archiv erwerben.

Auch sollten Sie prüfen, ob die von Ihnen gewünschten Ausschnitte überhaupt noch geschützt sind. Im Folgenden eine grobe Übersicht über die wichtigsten Schutzfristen:

- Die Schutzfrist der Urheber von Filmwerken läuft 70 Jahre nach dem Tod des längstlebenden Filmurhebers ab.
- Das Leistungsschutzrecht des Filmherstellers dauert 50 Jahre ab Erscheinen des Films oder ab der ersten erlaubten öffentlichen Wiedergabe des Films, je nachdem, welches Ereignis früher eingetreten ist.
- Die Schutzfrist der ausübenden Künstler läuft 50 Jahre ab Erscheinen des Films oder ab der ersten erlaubten öffentlichen Wiedergabe des Films, je nachdem, welches Ereignis früher eingetreten ist. Die Künstlerpersönlichkeitsrechte erlöschen aber erst mit dem Tod des betreffenden Künstlers, frühestens aber 50 Jahre nach der Darbietung und nicht vor Ablauf der Schutz-

fristen der Verwertungsrechte – also 50 Jahre ab Erscheinen des Films oder ab der ersten erlaubten öffentlichen Wiedergabe des Films, je nachdem, welches Ereignis früher eingetreten ist.

• Die Schutzfrist bei Laufbildern beträgt 50 Jahre ab dem ersten Erscheinen.

Zu den einzelnen Schutzfristen bestehen zum Teil noch zusätzliche Besonderheiten, die aber Ausnahmefälle betreffen und die aus Gründen der Übersicht hier nicht angeführt werden.

Die Schutzfristen haben sich seit Bestehen des Urheberrechtsgesetztes aber mehrfach geändert. Im Hinblick darauf ist jeweils eine Einzelfallprüfung vorzunehmen.

Soweit Sie urheberrechtlich nicht geschütztes Material verwenden wollen, verlangen die Archive eine Nutzungsentschädigung für die Nutzung des Materials. Diese Nutzungsentschädigung soll den Aufwand des Archivs für die Verwahrung und Erhaltung des Materials abdecken. Diese Entschädigung muss aber wesentlich geringer ausfallen als die Lizenzgebühr für urheberrechtschutzfähige Werke. Achten Sie beim Verhandeln darauf.

Was passieren kann, wenn Sie Archivmaterial ohne Einholung der Rechte nutzen, zeigt der folgende Fall:

Für seinen Dokumentarfilm »Herzfeuer« übernahm ein Filmhersteller viermal in unmittelbarer Folge einen Ausschnitt von knapp fünf Sekunden aus einem Spielfilm mit dem Titel »Sarah«. Die Rechte dafür kaufte er jedoch nicht. Dem Lizenzinhaber fiel die ungenehmigte Ausschnittsverwertung auf, er klagte auf Schadensersatz.

Die Sache landete in zweiter Instanz vor dem Oberlandesgericht Hamburg (AZ: 3 U 129/98). Wie in solchen Fällen üblich, versuchte der beklagte Produzent das Gericht davon zu überzeugen, dass es sich bei dem übernommenen Teil um ein Zitat handle. Denn wenn tatsächlich ein Zitat vorliegt, muss die Einblendung der Sequenz nicht bezahlt werden. Die Voraussetzungen hierfür sind jedoch äußerst schwer zu erfüllen. Hier jedenfalls lagen sie nach Ansicht der Richter nicht vor: Der betroffene Beitrag befasste sich weder mittelbar noch unmittelbar mit »Sarah«. Der Ausschnitt könne daher nicht als Beleg oder Begründung für das im Dokumentarfilm gezeigte Geschehen dienen, das Zitatrecht greife deshalb nicht. Da es auch keine andere Entschuldigung für die Einblendung gab, war schnell geklärt, dass der Filmproduzent eine Urheberrechtsverletzung begangen hatte.

Als nächster Schritt wurde von den Richtern über die Höhe des Schadens beraten. Der Kläger forderte mindestens 11.000 DM. Er ging dabei von einer Einblenddauer von 80 Sekunden aus und setzte für jede angefangene Minute den vollen Minutenpreis an. Dies ließ das Gericht jedoch nicht als üblich durchgehen. Die Richter hatten sich die Mühe gemacht, verschiedene Verträge durchzusehen, die zwar mit dem vorliegenden Fall nichts zu tun haben, in denen es jedoch um Ausschnittslizenzen ging. In diesen beispielhaften Vereinbarungen war die Berechnung der Lizenzgebühr nach der tatsächlichen Dauer bzw. Länge vorgenommen worden. Dies sei bei einem Sekunden- bzw. Meterpreis ohnehin fast selbstverständlich, so das Gericht. Als Orientierung legte das OLG die Preise u. a. der Taurus Film GmbH offen. So hat diese für 30 Sekunden aus »Das Wunder des Malachias« 120 DM pro Sekunde bei einmaliger Ausstrahlung in der ARD vereinbart. In einem anderen beispielhaften Lizenzvertrag, der mit dem NDR geschlossen worden war, war ein Meterpreis von 150 DM und damit pro Sekunde 69 DM vereinbart worden. Da in den 69 DM pro Sekunde eine zweimalige Wiederholung enthalten war, nahmen die Richter noch einen geringen Abschlag vor und kamen schließlich zu einem Sekundenpreis von 60 DM als Schadensersatz.

Für die Berechnung des Gesamtschadens wurde nun die Dauer der gesendeten Filmausschnittes herangezogen. Es waren insgesamt 20 Sekunden und nicht wie vom Kläger behauptet 80 Sekunden. Basierend auf dem Sekundenpreis von 60 DM ergab sich ein Schadensersatz in Höhe von gerade 1200 DM. Nicht sehr viel, wenn man bedenkt, dass der klagende Lizenzinhaber in solch einem Fall auf erheblichen Kosten sitzen bleiben kann. Denn wer 11.000 DM einklagt, jedoch nur 1200 DM erhält, hat den Prozess ja zum Großteil verloren und muss dementsprechend den Großteil der Kosten des Verfahrens übernehmen.

3. Historische Tages- und Wochenschauberichte

Die propagandistisch gestalteten Wochenschauen aus den Jahren 1940 bis 1942 wurden vom Landgericht München I als urheberrechtlich schutzfähige Werke gewertet (Landgericht München I, Fundstelle: ZUM-RD 1998, Seite 89 – Deutsche Wochenschauen). Die Nutzung von Ausschnitten aus diesen Wochenschauen erfordert damit eine Lizenzierung, soweit die Schutzfristen nicht bereits abgelaufen sind.

4. Programm eines im Hintergrund laufenden Fernsehers oder Radios

Bei Dokumentarfilmen kommt es immer wieder vor, dass im Hintergrund ein Fernseher oder ein Radio läuft. Soweit Sie aus gestalterischen Gründen ein bestimmtes, ausgewähltes Programm laufen lassen wollen, sind in jedem Fall die entsprechenden Rechte an dieser Sendung zu erwerben.

Etwas anderes gilt, wenn das Programm im nebenbei laufenden Fernseher oder Radio als unwesentliches Beiwerk einzustufen ist. Ein solches unwesentliches Beiwerk muss aber tatsächlich zufällig und als Nebensächlichkeit aufgenommen sein. Es muss beliebig ausgetauscht oder weggelassen werden können, ohne dass die Wirkung des Films verändert wird. In einem solchen Fall brauchen Sie keine Rechte an dem betreffenden Programm zu erwerben.

Nutzung von Fotos und Gemälden im Film

1. Grundsatz: Rechteerwerb erforderlich

Sie beabsichtigen einen Dokumentarfilm über einen Jugendlichen und sein Umfeld zu machen. Der Junge ist musikbegeistert und zeigt Ihnen die von ihm gesammelten Poster mit fotografischen Abbildungen seiner Lieblingsband. Diese Poster möchten Sie im Rahmen Ihrer Dokumentation abfilmen. Vorsicht: bereits diese Nutzung bedarf der Einwilligung durch die Rechteinhaber. Dabei ist die Einwilligung des Fotografen sowie der Band einzuholen. Es gilt hier also auch der Grundsatz: Rechteerwerb erforderlich.

Das Gleiche gilt für Gemälde bei Dreharbeiten etwa in einer Wohnung oder einem Büro. Kommen diese Gemälde ins Bild, sind grundsätzlich die Rechte zu erwerben. Fragen Sie in solchen Fällen immer zuerst bei der Verwertungsgesellschaft Bild-Kunst (VG Bild-Kunst). Diese nimmt die Rechte an vielen Fotos und Gemälden wahr.

2. Ausnahmen

Kein Rechteerwerb ist im Rahmen der Bild- und Tonberichterstattung über aktuelle Ereignisse, also etwa einer Ausstellungseröffnung erforderlich. Bei einem aktuellen Bericht über eine Vernissage dürfen die dort gezeigten Bilder aufgenommen und veröffentlicht werden, ohne dass hierfür Rechte erworben werden müssen.

Auch wenn Gemälde oder Fotos sogenanntes unwesentliches Beiwerk darstellen, ist ein Rechteerwerb nicht erforderlich.

Checkliste:
- Sollen aus gestalterischen oder inhaltlichen Gründen Fotos oder Gemälde aufgenommen und veröffentlicht werden? Wenn ja, ist der Rechteerwerb erforderlich.
- Sind die Inhalte der Gemälde oder Fotos unwesentlich und austauschbar, so kann es sich um unwesentliches Beiwerk handeln. Ein Rechteerwerb wäre dann nicht erforderlich. Ohne rechtliche Prüfung sollte dies nur in ganz eindeutigen Fällen angenommen werden.
- Finden sich in dem Material Fotos oder Gemälde, auf denen Personen zu erkennen sind? Falls ja, sind die Einwilligungen der Abgebildeten einzuholen.

- Ist die Schutzfrist dieser Fotos abgelaufen (70 Jahre nach dem Tod des Urhebers)?
- Ist im Falle von Personenabbildungen die Schutzfrist für das Recht am eigenen Bild abgelaufen (bis zehn Jahre nach dem Tod des Abgebildeten – aber auch danach sind keine groben Ehrverletzungen zulässig)?

Zitate

Sie verfassen ein Konzept für einen Dokumentarfilm, in dem es um die Entwicklung des Tonfilms in Deutschland gehen soll. Ihr Konzept sieht dabei vor, zur Veranschaulichung Beispiele aus alten Spielfilmen einzublenden. Spätestens dann, wenn Sie das Konzept der Produktionsfirma oder dem Sender vorlegen, wird die Frage auftauchen, ob für eine solche Einblendung Rechte erworben werden müssen oder ob es sich hier um ein Zitat handelt.

1. Zulässigkeit des Filmzitats

Zitatzweck

Wichtigste Voraussetzung für die Zulässigkeit eines Zitats ist die sogenannte Belegfunktion. Nur dann, wenn das Zitat als Beleg für die eigene Gedankenführung, etwa zur Veranschaulichung, zum besseren Verständnis, zur Vertiefung, als Devise, Motto, aber auch als Mittel künstlerischen Ausdrucks oder künstlerischer Gestaltung dient, ist es zulässig. Keinesfalls darf das Zitat nur dazu dienen, eigene Ausführungen zu ersparen. Hierzu folgendes Beispiel:

> 1991 hatte RTL unter dem Titel »Der flotte Dreier« eine Fernseh-Interviewsendung ausgestrahlt. Es ging dabei um das Thema »Callboys«. Zur Einleitung wurde ein Ausschnitt aus dem Spielfilm »…aber Jonny!« mit Horst Buchholz in der Hauptrolle eingespielt und zwar mit einer Länge von 2 Minuten 25 Sekunden. Rechte hierfür hatte RTL nicht erworben. Der Inhaber der Rechte an dem Film »…aber Jonny!« wollte sich dies nicht gefallen lassen. Er klagte und gewann. Die Belegfunktion fehle, so die Richter am Oberlandesgericht Köln (Fundstelle: GRUR 1994, Seite 47 ff. – …aber Jonny!). Die Einblendung der Spielfilmszene diene nur der Anmoderation und Unterhaltung des Publikums. Ein zulässiges Zitat liege daher nicht vor. RTL musste Schadensersatz an den Rechteinhaber bezahlen.

Zum Umfang des Filmzitats

Eine weitere wichtige Einschränkung ist die Länge des übernommenen Zitats. Nur was zum Beleg Ihrer Auffassung wirklich erforderlich ist, darf übernommen werden. Eine feststehende Regel für die Länge gibt es nicht. Zwar wird immer wieder behauptet, man dürfe Filmausschnitte unter acht Sekunden Länge grundsätzlich einblenden, das ist aber falsch! Es kommt immer darauf an, welche Länge im

Einzelfall erforderlich ist. Das eingangs erwähnte Beispiel war Gegenstand eines Rechtsstreits:

Bei dem vom Bundesgerichtshof (Fundstelle: GRUR 1987, Seite 362 ff. –Filmzitat) zu entscheidenden Fall wurde eine Rundfunkanstalt verklagt, die eine dreiteilige Fernsehserie über die Entwicklung des Tonfilms in Deutschland hergestellt und ausgestrahlt hatte. Teil 1 der Fernsehserie hat eine Sendedauer von 43 Minuten und enthält Ausschnitte aus alten Spielfilmen, darunter zwei Ausschnitte aus dem 1951 hergestellten Spielfilm »Mädchen in Uniform« mit Romy Schneider und Lilly Palmer. Die beiden eingeblendeten Ausschnitte sind insgesamt 5 Minuten und 37 Sekunden lang. Die Rundfunkanstalt hatte die Rechte an den Einblendungen nicht erworben. Die Rechteinhaberin und Klägerin sah in der erfolgten Ausstrahlung der Fernsehserie, soweit darin die beiden Filmausschnitte enthalten sind, eine Urheberrechtsverletzung und nahm die Rundfunkanstalt auf Unterlassung und Zahlung von Schadensersatz in Anspruch. Die Rundfunkanstalt berief sich auf das Zitatrecht nach § 51 Urheberechtsgesetz. Die einzelnen Voraussetzungen des zulässigen Zitates waren nach Ansicht des Bundesgerichtshofes im vorliegenden Fall alle gegeben: So führten die Richter aus, dass Art, Inhalt und Zweck der Dokumentation die Einblendung von Originalbeispielen aus den Filmen der jeweiligen Entwicklungsphase unerlässlich mache. Ein Werk dürfe nicht um seiner selbst willen zur Kenntnis der Allgemeinheit gebracht werden, es reiche nicht aus, dass die Zitate in einer bloß äußerlichen zusammenhanglosen Weise eingefügt und angehängt würden, vielmehr müsse eine innere Verbindung mit den eigenen Gedanken (den neu herzustellenden Film betreffend) hergestellt werden. Im vorliegenden Fall seien die beiden Filmausschnitte nicht willkürlich ausgewählt worden und von einer bloßen Wiedergabe zu Unterhaltungszwecken könne nicht gesprochen werden. Die Beschreibung der Art und des Inhalts der Dokumentation mache deutlich, dass die beiden Filmzitate in einer auf einer einheitlichen Konzeption beruhenden Gesamtdarstellung eingebettet seien und lediglich als Beleg für eigene Erörterungen des Filmautors erschienen. Im Verhältnis zum Gesamtfilm darf das zitierte Werk nur eine völlig untergeordnete Rolle spielen. Hierzu der Bundesgerichtshof: Bei der Ermittlung des sachlichen Umfangs des Zitats könnten keine arithmetischen Maßstäbe angelegt werden. Im vorliegenden Fall sei sowohl die Auswahl der Filmausschnitte als auch ihre Gesamtlänge von ca. 5 1/2 Minuten durch den Zweck des Zitats geboten und zum Verständnis des eingeblendeten Handlungsablaufs und der damit verbundenen Aussage, dass der Ton nunmehr eine in die Filmhandlung voll integrierte Bedeutung erlangt habe, notwendig sei. Die Länge der Filmausschnitte hielt sich auch im Verhältnis zum benutzten Gesamtwerk gerade noch in einem zulässigen Rahmen.

Weiterhin, so die Richter, seien die Interessen des Rechteinhabers an der wirtschaftlichen Verwertung des eingeblendeten Teils zu berücksichtigen. Denn die Klammerteilauswertung könne im Rahmen der Gesamtauswertung des Films durchaus wirtschaftliche Bedeutung bekommen. Auch diesbezüglich sah der BGH im vorliegenden Fall kein Problem: Die dem Schöpfer des Werks zustehenden Verwertungsmöglichkeiten seien durch das Zitat nicht geschmälert.

Eine weitere interessante Entscheidung zum Thema Zitierfreiheit erging durch das Bundesverfassungsgericht im Jahre 2000:

Heiner Müller hatte ein Theaterstück mit dem Titel »Germania 3. Gespenster am toten Mann« verfasst. Das Stück beschäftigt sich mit der politisch-gesellschaftlichen Situation im Zeitraum 1941 bis 1956 und hat insgesamt 75 Seiten. In dem Stück werden Textpassagen aus Bühnenwerken Bert Brechts mit einer Länge von insgesamt etwa zwei Textseiten wiedergegeben. Sie werden durch Kursivdruck hervorgehoben. Eine Genehmigung der Erben von Bert Brecht hatte Heiner Müller dafür allerdings nicht eingeholt. Der Fall ging bis vor das Bundesverfassungsgericht (Fundstelle: ZUM 2000, Seite 867 ff. – Germania 3). Im Kontext einer eigenständigen künstlerischen Gestaltung reiche die Zitierfreiheit über die Verwendung des fremden Textes als Beleg, d.h. zur besseren Verdeutlichung übereinstimmender Meinungen oder zur Begründung oder Vertiefung der eigenen Meinung hinaus. Der Künstler dürfe urheberrechtlich geschützte Texte auch ohne einen solchen Bezug in sein Werk aufnehmen, soweit sie als solche Gegenstand und Gestaltungsmittel seiner eigenen künstlerischen Aussage blieben. Wo es wie hier ersichtlich darum gehe, den fremden Autor (Brecht) selbst als Person der Zeit- und Geistesgeschichte kritisch zu würdigen, kann es ein von der Kunstfreiheit gedecktes Anliegen sein, diesen Autor, seine politische und moralische Haltung sowie die Intention und Wirkungsgeschichte seines Werks dadurch zu kennzeichnen, dass er selbst durch Zitate zu Wort komme.

Nur wenn der Film, in den das Klammerteil aufgenommen werden soll, selbst ein urheberschutzfähiges Werk ist (was bei Dokumentarfilmen meistens der Fall ist), darf zitiert werden. Darüber hinaus ist das Zitat in der Regel unverändert zu übernehmen. Auch darf nur aus bereits veröffentlichten bzw. erschienenen Werken zitiert werden.

Handelt es sich um ein zulässiges Zitat, so müssen keine Rechte erworben werden.

Aber: Eine Berufung auf das Zitatrecht ist immer eine höchst problematische Angelegenheit, die ohne fachkundige Hilfe nicht entschieden werden sollte.

2. Quellenangabe

Auch beim Filmzitat muss die Quelle so genau wie möglich – üblicherweise im Abspann – angegeben werden.

Freie Benutzung

Falls Sie ein Werk eines anderen lediglich als Anregung für Ihre Dokumentation nutzen möchten, könnte dies im Rahmen der Regelung zur »freien Benutzung« nach § 24 UrhG ohne Rechteerwerb möglich sein. Voraussetzung dafür ist, dass es sich bei Ihrer Dokumentation um ein völlig selbständiges Werk handelt und die Züge des Werkes, welches Ihnen als Anregung diente, verblassen bzw. völlig zurück treten.

Eine freie Benutzung kann auch dann vorliegen, wenn Sie sich mit einem anderen Werk antithematisch auseinandersetzen, also etwa im Rahmen einer Parodie oder eines kritischen Diskurses. Filmische Parodien werden auch dann als freie Benutzung anerkannt, wenn die Elemente aus dem früheren Werk deutlich erkennbar sind (etwa bei Western-Parodien). Die übernommenen Elemente müssen dabei in die Parodie eingebunden sein. Und die Veröffentlichung des neuen Werkes darf nicht dazu führen, dass in die wirtschaftlichen Interessen der Urheber des früheren Werkes substantiell eingegriffen wird.

Hierzu eine Entscheidung des Bundesgerichtshofes, die »Kalkofes Mattscheibe« betraf:

Der Bundesgerichtshof (Urteil vom 13. April 2000 – I ZR 282/97) hatte darüber zu entscheiden, ob die in der Sendung »Kalkofes Mattscheibe« ausgestrahlte Satire auf die Fernsehshow »Der Preis ist heiß« (die von einem anderen Privatsender ausgestrahlt wurde) gegen das Urheberrecht verstößt. Die betroffene Folge von »Der Preis ist heiß« war im Studio vor Publikum aufgezeichnet worden. Als Sponsor war der Hersteller eines Blasenstärkungsmittels genannt worden, von dem dann auch ein Werbespot lief. In verschiedenen Spielrunden mussten Kandidaten die Preise von Markenartikeln raten und konnten diese Artikel gewinnen.

In dem Satirebeitrag, der eine Gesamtlänge von 1:25 Minuten hat, werden Originalausschnitte aus der Fernsehshow und dem Werbespot für das Blasenstärkungsmittel von etwa 58 Sekunden verwendet. Im Anschluss daran »bewirbt« Oliver Kalkofe das Blasenstärkungsmittel kabarettistisch als ein Mittel zur Erleichterung des Wasserlassens. Die so beworbene Produktwirkung wird dabei drastisch am »Beispiel« des im Werbespot mitwirkenden Moderators »demonstriert«, wobei Bildausschnitte aus einer pantomimischen Darstellung des Moderators aus der Fernsehshow mit neuen Bildfolgen zusammengeschnitten sind. In der Art eines Abspanns für diesen »Werbespot« zeigen nun verschiedene Ausschnitte aus der Eröffnungssequenz der Fernsehshow wieder das beim Auftritt des Moderators heftig applaudierende Publikum. Im Off kommentiert dazu Kalkofe: »Diese Sendung wurde live vor Publikum in einer geschlossenen Anstalt aufgenommen. Publikum und Moderatoren befinden sich in psychiatrischer Behandlung. Bis zum nächsten Mal!«

Der Bundesgerichtshof stellte fest, dass es dem Beitrag nach der antithematischen Behandlung der Werbung für das Blasenstärkungsmittel darum gehe, die ganze Show als niveaulos darzustellen. Diese werde als ein »Stück aus dem Tollhaus« hingestellt. Nach der »Werbung« von Kalkofe würden zwar nur noch Original-Ausschnitte aus der Show gezeigt, aber so ausgewählt, dass sie nun – nachdem das Sponsorprodukt und der Moderator ins Lächerliche gezogen worden seien – als eine Art von Realsatire und als »Beleg« für die mit begleitenden Worten im Off ausgedrückte Pauschalkritik angeführt werden könnten.

Der Beitrag in »Kalkofes Mattscheibe« sei urheberrechtlich als ein neues selbständiges Werk zu werten, das mit geschickter Montagetechnik darauf hinarbeite, die Fernsehshow bloßzustellen. Es könne sein, dass die darin satirisch gestaltete Kritik als selbst nicht gelungen, geschmacklos, bösartig, gehässig oder ungerechtfertigt, rechts- oder sittenwidrig angesehen werde. Für die Beurteilung eines Werks als freie Benutzung einer urheberrechtlich geschützten Vorlage sei dies jedoch nicht von Belang. Der Schutz gegen Schmähkritik sowie gegen die Verbreitung rechts- und sittenwidriger Werke sei nicht Aufgabe des Urheberrechts. Ebenso sei die Beurteilung von Geschmacksfragen nicht Sache der Gerichte. Einen Verstoß gegen das Urheberrecht sahen die Richter daher nicht.

Auf das Recht zur freien Benutzung sowie das Zitatrecht wollte sich auch Stefan Raab mit seiner Produktionsfirma Brainpool berufen, als er vom Hessischen Rundfunk verklagt wurde. Damit kam er vor Gericht nicht durch.

Seit mehreren Jahren und durch alle Instanzen hat der Hessische Rundfunk bzw. eine vom Hessischen Rundfunk eingesetzte Verwertungsgesellschaft gegen die Produzenten von »TV total« auf Zahlung einer Lizenzgebühr für die Nutzung von Ausschnitten geklagt. In der ersten Instanz vor dem Landgericht Frankfurt wurde die Produktionsfirma Brainpool verurteilt, die beantragten Lizenzgebühren von 2556,46 Euro für eine Einblendung von 40 Sekunden zu bezahlen. Daraufhin ging Brainpool in die Berufung und hat dort erreicht, dass die Lizenzgebühren auf 1278,23 Euro reduziert wurden. Auch damit waren die Macher von TV total nicht zufrieden. Sie zogen vor den Bundesgerichtshof. Dieser hat nun sein Urteil gesprochen (AZ: I ZR 42/05)

Im Auftrag des Hessischen Rundfunks war im Jahr 2001 eine Sendung mit dem Titel »Landpartie in Hüttenberg« produziert worden. Die Ausstrahlung erfolgte am 2.

September 2001. Zu Beginn dieser Sendung führt ein Reporter ein Interview mit einer Passantin. Er fragt sie zunächst, für wie spontan sie sich – gemessen an einer Skala von 1 bis 10 – halte. Sie antwortet darauf:»Ach, schon spontan, 10,9.« Der Reporter eröffnet der Passantin sodann, sein Thema sei das »Spontan Jodeln«, und versucht, sie durch Anzählen des Taktes »...3, 4« zum Jodeln zu veranlassen. Die Passantin – die dies offensichtlich missversteht und meint, sie werde danach gefragt, wie sie ihre Fähigkeiten im »Spontan- Jodeln« gemessen an einer Skala von 1 bis 4 einschätze – beginnt daraufhin nicht zu jodeln, sondern antwortet mit: »Drei.«

Dieses »Spontaninterview« nahm Stefan Raab am 4. September 2001 in seine Sendung auf und moderierte es an wie folgt:»Da ist ein Mann, der interviewt eine Frau, und die gibt erst mal eine Antwort, die ganz korrekt und dann die zweite Antwort, welche die Frau gibt, ist so was von unmöglich, dass ist die größte anzunehmende Unwahrscheinlichkeit, die da passiert. Ich glaube, wir haben selten einen irreren Ausschnitt gehabt. Schauen Sie es sich einfach mal an.«

Nach der Wiedergabe des »Spontaninterviews« während dessen gesamter Dauer die Textzeile »Hessen, Landpartie in Hüftenberg« eingeblendet wurde, äußerte Stefan Raab sich hierzu noch einmal wie folgt:»Ja, da muss man erst mal drauf kommen, oder? Ich glaube, kein Sketchschreiber der Welt würde jemals einen solchen Sketch schreiben, weil er sagt, der ist zu unwahrscheinlich, nimmt Ihnen keiner ab. Das geht gar nicht. 3, 4 – 3? Warum nicht, ja.« Nach einer Werbepause wurde das Interview nochmals gezeigt.

Der Hessische Rundfunk verlangte von Brainpool nun unter anderem eine Lizenzgebühr in Höhe von 2556,46 Euro für die Vorführung auf dem Großbildschirm vor dem dort anwesenden Publikum sowie für die Ausstrahlung über den Sender ProSieben.

Liegt eine »freie Benutzung« der Filmausschnitte vor?
Die Produktionsfirma stellte sich auch vor dem Bundesgerichtshof auf den Standpunkt, die Nutzung der Ausschnitte stelle eine sogenannte freie Benutzung nach § 24 Urheberrechtsgesetz dar. Eine solche »freie Benutzung« liegt allerdings nur dann vor, wenn jemand das fremde Werk – hier die Filmausschnitte des Hessischen Rundfunks – lediglich als Anregung für das eigene Schaffen nutzt. Genau dieser Fall liege hier vor, argumentierten die Anwälte von Brainpool. Denn das benutzte »Spontaninterview« würde antithematisch behandelt werden. Durch die Moderation des Beitrags würde die in der Sequenz enthaltene unfreiwillige Komik aufgrund des der interviewten Passantin unterlaufenen Missverständnisses aufgedeckt und in satirischkomödiantischer An- und Abmoderation offengelegt. Der Zuschauer werde auf die Absurditäten des Ausschnitts aufmerksam gemacht und zugleich auf die Unwahr-

scheinlichkeit hingewiesen, dass ein Sketchschreiber sich ein derartiges Interview erdacht haben könnte. Die Einbettung des verwendeten Originals innerhalb einer volkstümlichen Sendung werde damit in sein Gegenteil verkehrt und erhalte einen völlig neuen und eigenständigen Sinngehalt. Die Richter des Bundesgerichtshofs sahen das aber anders: Von einer Parodie könne nicht die Rede sein. Die gezeigte Sequenz werde von Stefan Raab in keiner Weise kritisiert, parodiert oder karikiert. Sie sollte allein durch die ihr innewohnende Komik wirken, nicht durch die Reaktion des Moderators hierauf. Bei dieser Sachlage sei der notwendige innere Abstand zwischen der unverändert übernommenen Vorlage und deren Vorstellung durch Stefan Raab nicht erkennbar. Eine freie Benutzung liege daher nicht vor.

Nun bemühte Brainpool das Zitatrecht. Die Anwälte trugen vor, dass Gegenstand der Sendung »TV total« die Medienkritik und die satirische Darstellung der zunehmenden Niveaulosigkeit des deutschen Fernsehprogramms als Spiegelbild der Gesellschaft anhand aktueller Beispiele sei. Auch dies sahen die Richter anders. Das übernommene Interview jedenfalls sei nicht Gegenstand und Gestaltungsmittel einer eigenen künstlerischen Aussage des Moderators. Damit fehle es an der notwendigen inneren Verbindung der zitierten Stelle mit eigenen Gedanken des Zitierenden.

Kann sich Brainpool auf die Kunstfreiheit berufen?
Auch mit der Berufung auf die Meinungsfreiheit sowie die Kunstfreiheit nach Artikel 5 des Grundgesetzes kamen die Anwälte der Produktionsfirma nicht weiter. Stefan Raab habe kein Kunstwerk geschaffen, so der Bundesgerichtshof.

Der Bundesgerichtshof entschied, dass für die Nutzung der insgesamt 40 Sekunden Ausschnitte eine Lizenzgebühr in Höhe von 1278,23 Euro zu bezahlen ist.

Fazit: In Zukunft wird Brainpool die genutzten Filmausschnitte wohl auf dem üblichen Weg lizenzieren müssen. Denn nach diesem Urteil steht mehr oder weniger fest, dass eine Nutzung von Ausschnitten, wie Stefan Raab sie üblicherweise praktiziert, ohne die erforderliche Lizenzierung rechtswidrig ist. Es fragt sich allerdings, ob andere TV-Sender ein Interesse daran haben, ihre Ausschnitte für TV total zur Verfügung zu stellen.

Eine freie Benutzung ist im Übrigen immer dann möglich, wenn es sich bei dem »übernommenen« Inhalt um kein urheberrechtlich geschützte Werk oder Werkteil handelt. Dies zeigt folgender Fall:

Im Jahre 1995 hatte ein Autor ein Konzept für eine Game-Show entwickelt und den Piloten für die Show unter erheblichem Kostenaufwand selbst produziert. Das

23-seitige Manuskript zum Format, welches er »Augenblix« nannte, sowie den Piloten präsentierte er im März 1996 dem Sender Sat.1. Dieser aber lehnte ab. Der Autor staunte nicht schlecht, als ab Ende 1998 täglich bei eben diesem Sender eine Game-Show lief, die den Autor in erheblichem Maße an sein Konzept erinnerte.

Der Autor stellte einen Antrag auf Erlass einer einstweiligen Verfügung beim Landgericht München. Vom Landgericht abgewiesen ging der Fall an das Oberlandesgericht München (Fundstelle: ZUM 1999, Seite 244 ff. – Augenblix). Hier zeigte der Autor zunächst die Übereinstimmungen der beiden Show-Formate auf. Nach Angaben des Autors hätte Sat.1 ein in wesentlichen Teilen gleiches Werk geschaffen. Die Grundelemente seien leicht verfremdet, aber nicht neu »komponiert«. Der Autor machte eine Aufstellung für das Gericht, in der er die Show-Elemente einzeln gegenüberstellte.

Hier ein Auszug: Bei beiden Shows müssen die Kandidaten Sujets aus Werbespots erraten. Beide Sendungen beginnen mit einem Auge als Erkennungszeichen. Übereinstimmend folgt dann eine Rate-Runde, bei der die Kandidaten erkennen müssen, um welches Produkt es sich handelt. In einem später folgenden »Erinnerungsspiel« müssen in beiden Shows verschiedene, schnell angespielte Spots erkannt werden, wobei sich die Kandidaten bei Spot-on an Details aus den Werbespots erinnern müssen. Weiter folgt bei beiden Sendungen eine Spielvariante mit ausländischen Spots, eine Musik-Runde, in der Werbemelodien zu erkennen sind, ein Aufruf zum Mitspielen. Wer die jeweilige Lösung weiß, hat in beiden Formaten möglichst schnell einen Knopf zu drücken.

Sat.1 und die Produzentin von »Spot-on« sahen die Sache natürlich ganz anders: Da es sich hier um ein Fernsehratespiel handle, das sich ausschließlich mit Werbespots befasse, würden sich geradezu zwangsläufig Ähnlichkeiten im Programmablauf ergeben. Maßgeblicher Unterschied zwischen den beiden Sendungen aber sei die Dauer: »Augenblix« sei auf eine Länge von 26 Minuten konzipiert, »Spot-on« aber nur auf fünf Minuten. In der Show »Augenblix« würden daher eine ganze Reihe weiterer Merkmale auftauchen, die in »Spot-on« fehlten. Auch die Aufmachung und Ausgestaltung von »Spot-on« – gerade durch die virtuelle Moderatorin – seien völlig anders als in »Augenblix«. Insbesondere aber würden die aus »Augenblix« dargestellten Merkmale in vielen bereits bestehenden Game-Shows zu sehen sein.

Das Gericht machte sich nun selbst ein Bild, indem es die beiden Shows ansah. Danach kam es zu folgendem Ergebnis:

Dem Show-Konzept »Augenblix« wurde als Ganzes urheberrechtlicher Schutz zugesprochen. Den von Sat.1 bzw. der Produzentin von »Spot-on« aus »Augenblix« übernommenen Teilen aber sprach das Gericht den Urheberrechtsschutz ab. Das heißt,

der Autor genießt im Hinblick auf die aus seinem geschützten Gesamtkonzept übernommenen Einzelteile keinen Schutz und kann demnach nichts gegen die Übernahme tun.

Als Begründung führt das Gericht aus, dass die Spielvarianten, die in »Augenblix«
und in »Spot-on« übereinstimmen, gängige Grundmuster für Ratespiele im Fernsehen seien. Ein »gängiges Grundmuster« genieße aber keinen Urheberrechtsschutz.
Nun ging das Gericht jede der einzelnen Übereinstimmungen durch. Hier nur ein
Auszug: Die Rate-Runde, die in beiden Shows übereinstimmend vorkommt, sei eine
banale Spielidee, der jede Eigenart fehle. Bei dem Erinnerungsteil, welcher in »Spot-
on« als »Recalltext« bezeichnet wird, läge die Ähnlichkeit allein darin, dass die Merk-
fähigkeit der Kandidaten auf die Probe gestellt werde – auch dies ein gängiges Muster solcher Shows. So oder ähnlich kanzelte das Gericht sämtliche übereinstimmen-
den Merkmale ab. Schließlich betonten die Richter auch die kurze Sendezeit von
»Spot-on«. Während es bei »Augenblix« zu einem Smalltalk zwischen Moderator und
Kandidaten kommen kann, reiche es bei der nur fünfminütigen Dauer von »Spot-on«
und vor allem wegen der virtuellen Moderatorin nur zu einem verbrämten Abspie-
len von Werbespots.

Musik im Film

1. Kurze Einführung in das Filmmusikrecht

Viele Dokumentarfilmer halten die Klärung bzw. den Erwerb von Musikrechten für den unübersichtlichsten Teil bei der Produktion. Gerade wenn Sie bereits vorbestehende Musikwerke einspielen lassen oder Musik von einem bestehenden Tonträger übernehmen möchten, sollten Sie im Zweifel fachkundige Hilfe in Anspruch nehmen.

Im Folgenden ein kurzer Überblick über die wichtigsten Rechte und die Beteiligten:

Musikurheber sind:
- der Komponist,
- der Texter
- der Bearbeiter

Den Musikurhebern stehen Urheberrechte zu.

Ausübende Künstler sind insbesondere:
- Sänger
- Musiker
- Dirigenten

Den ausübenden Künstlern stehen Leistungsschutzrechte zu.

Und auch dem
- **Tonträgerhersteller**

stehen eigene Leistungsschutzrechte zu. Begründet wird dies mit der wirtschaftlich-organisatorischen Leistung. Rechte entstehen aber nur bei dem Tonträgerhersteller, der die Erstfixierung der Aufnahme vorgenommen hat.

Bei Live-Konzerten stehen auch
- dem **Veranstalter**

Leistungsschutzrechte zu.

Die Urheber übertragen häufig bestimmte Rechte auf die GEMA und einen Musikverlag. Die Leistungsschutzberechtigten übertragen häufig bestimmte Rechte auf die GVL und – im Falle der Veröffentlichung eines Tonträgers – auf einen Tonträgerhersteller, also eine Plattenfirma.

Rechteinhaber können daher sein:
- der **Urheber**,
- ein **Musikverlag**,
- die **GEMA**,
- die **ausübenden Künstler**,
- der **Tonträgerhersteller**,
- der Veranstalter
- und die **GVL**.

Die **Musikverlage** werden häufig von den Urhebern (also Komponisten, Textern, Bearbeitern) eingeschaltet, um die Werke kommerziell zu verwerten.

Die **GEMA** lässt sich durch sogenannte Berechtigungsverträge von Komponisten, Textdichtern und Musikverlegern bestimmte ausschließliche Nutzungsrechte und Vergütungsansprüche übertragen und nimmt diese Rechte treuhänderisch wahr. Auf dieser Grundlage ist die GEMA berechtigt, Musikverwertern die gewünschten Nutzungsrechte einzuräumen. Sie verlangt hierfür festgelegte Tarife. Die Filmherstellungsrechte kann sich der betroffene Künstler jedoch zurückrufen.

Die **GVL** nimmt die Rechte der ausübenden Künstler und der Tonträgerhersteller wahr. Mit der GVL müssen Sie sich als Produzent nur selten in Verbindung setzten. Denn die GVL nimmt die Zweitverwertungsrechte wahr und muss somit von den Zweitverwertern kontaktiert werden.

2. Was ist geschützt?

Urheberrechtsschutz bei Musikwerken

Im Musikbereich gilt der Grundsatz, dass selbst der banalste Schlager schutzfähig ist, wenn er einen bestimmten Wiedererkennungswert erzeugen kann.

Vorsicht: Die Nutzung kurzer Werkteile und Tonfolgen ist nicht erlaubnisfrei. In der Musikbranche kursiert das Gerücht, dass die Entnahme von bis zu vier Takten eines Musikwerkes stets erlaubnisfrei sei. Das ist falsch. Es kommt immer auf den konkreten Einzelfall an und darauf, ob die entnommenen Elemente eigenen Charakter und Wiedererkennungswert haben.

Dauer des Schutzes

Musikwerke sind – wie alle urheberrechtlich geschützten Werke – nach dem Urheberrechtsgesetz nur bis zu einem Zeitraum von 70 Jahren nach dem Tode des Urhebers geschützt. Bei Miturhebern also mehreren Urhebern gemeinsam, erlischt das Urheberrecht 70 Jahre nach dem Tod des am längsten Lebenden.

Die Leistungsschutzrechte der Künstler und des Tonträgerherstellers erlöschen 50 Jahre nach dem Erscheinen des Tonträgers, oder, wenn seine erste erlaubte Benutzung zur öffentlichen Wiedergabe früher erfolgt ist, 50 Jahre nach dieser. Ist der Tonträger gar nicht erschienen, erlöschen die Rechte 50 Jahre nach der Darbietung der Leistung bzw. Herstellung des Tonträgers.

3. Welche Rechte benötige ich zur Musiknutzung im Film?

In der Regel werden Sie entweder
- Musik für den Film komponieren und einspielen lassen
  oder
- bereits komponierte Musik einspielen lassen
  oder
- bereits eingespielte Musiken verwenden.

Sie möchten die Filmmusik komponieren lassen

Die Neukomposition ist der in der Praxis häufigste Fall. Es wird ein Komponist beauftragt, der die Filmmusik komponiert und produziert. Die Filmproduktion erhält dann das produzierte Masterband.

Der Komponistenvertrag

Mit dem Komponisten wird üblicherweise ein Kompositionsvertrag, verbunden mit einem Musikproduktionsvertrag, geschlossen. Im Rahmen dieses Vertrages werden dem Filmproduzenten die Rechte zur Filmherstellung und Filmauswertung übertragen. Soweit bei dieser Musikproduktion außer dem Komponisten selbst noch andere Musiker oder Sänger tätig sind, erwirbt der Komponist die erforderlichen Rechte üblicherweise bei allen weiteren Mitwirkenden und überträgt auch diese Rechte auf den Filmproduzenten.

Im Komponistenvertrag werden folgende Regelungen getroffen:

Vertragsgegenstand

Hier ist zu vereinbaren, dass der Komponist die Filmmusik für die Produktion komponiert und produziert und fertig gemischt auf Masterbändern abliefert. Dabei ist der Titel und die Art der Produktion aufzunehmen. Weiterhin wird die ungefähre Länge der Filmmusik aufgenommen. Die genaue Länge wird nach dem Rohschnitt vom Produzenten festgelegt.

Der Komponist stimmt die Filmmusik üblicherweise in jedem Stadium mit dem Regisseur und mit dem Produzenten ab. Er hat die künstlerischen Vorgaben der Produktion bei der Erstellung der Filmmusik zu beachten.

Material

Der Komponist soll das abgemischte Masterband in bestimmter, im Vertrag festzulegender Qualität sowie eine detaillierte Musikliste auf dem GEMA-Formular an den Produzenten liefern.

Abgabetermin

Dem Komponisten wird das Drehbuch übergeben. Falls Vorbesprechungen mit dem Produzenten und dem Regisseur stattgefunden haben, sollte dies im Vertrag aufgenommen werden. Die Abgabetermine des Masterbandes können konkret datiert werden. Es kann aber auch vereinbart werden, dass sich die Parteien einvernehmlich abstimmen.

Abnahme

Die Abnahme erfolgt durch die Produktion.

Vergütung

Der Komponist erhält für die Komposition und Produktion der Vertragsaufnahmen (bis zum überspielungsreifen Masterband) sowie für die Übertragung der Rechte ein bestimmtes Pauschalhonorar.

Dieser Betrag wird häufig in zwei Raten aufgeteilt.

50% werden üblicherweise bei Vertragsunterzeichnung und 50% bei Lieferung und Abnahme der Vertragsaufnahmen jeweils nach Rechnungsstellung fällig.

Rechteübertragung

Der Komponist soll dem Produzenten an der von ihm auf Grundlage dieses Vertrages geschaffenen Filmmusik die exklusiven, örtlich, zeitlich und inhaltlich unbegrenzten Filmherstellungsrechte sowie sämtliche exklusiven Filmauswertungs-rechte örtlich, zeitlich und inhaltlich unbegrenzt gemäß der Rechteanlage (diese muss dem Vertrag beigefügt werden, ein aktuelles Muster finden Sie im Anhang) übertragen, soweit sie nicht auf die GEMA übertragen wurden.

Beachten Sie Folgendes: Der Komponist muss Ihnen als Produzent im gleichen Umfang (also im Umfang der Rechteanlage) die Rechte der beteiligten Urheber (insbesondere Textdichter, Bearbeiter) und Leistungsschutzberechtigten (insbe-sondere Musiker, Sänger, eventuell Tonträgerproduzent) übertragen.

Rechtegarantie

Der Komponist muss Ihnen garantieren, dass er die Filmmusik selbst und ohne die Beteiligung oder Werke Dritter komponiert und produziert hat und bei Ver-wendung anderer Melodien nur solche verwendet, die urheberrechtsfrei sind.

Soweit der Komponist andere Personen eingeschaltet hat, muss er dementspre-chend garantieren, dass er die erforderlichen Rechte von diesen erworben hat. Eine solche Klausel lautet wie folgt:

»Der Komponist erklärt, dass er die Rechte, die für die Herstellung und Aus-wertung der Filmmusik erforderlich sind, von sämtlichen an der Entstehung der Filmmusik beteiligten Urheber- und Leistungsschutzberechtigten erworben hat und zur Übertragung dieser Rechte auf die Produktion berechtigt ist.«

Weiterhin hat der Komponist zu garantieren, dass durch sein Werk keine Rech-te Dritter verletzt werden und dass er Nutzungsrechte, die Gegenstand dieses Ver-trages sind, nicht anderweitig vergeben hat.

Der Komponist hat den Produzenten von allen Ansprüchen freizustellen, die im Zusammenhang mit dem Komponistenvertrag von Dritten geltend gemacht werden.

Soundtrack

Dies ist häufig ein heikles Thema bei den Verhandlungen mit Komponisten. Sie können hierzu zum Beispiel folgende Vereinbarung treffen:

Sollte der Produzent einen Soundtrack der Produktion kommerziell auswer-ten, so wird er an den Komponisten eine marktübliche Lizenzgebühr pro verkauf-ten Tonträger zahlen, die vor Veröffentlichung zu vereinbaren ist.

Nennung

Bei Fernsehproduktionen hat der betroffene Sender das Entscheidungsrecht über die Nennung. Dennoch kann vereinbart werden, dass der Produzent dem Sender eine bestimmte Nennung vorschlägt.

Bei Kinofilmen kann die Nennung verbindlich im Vertrag vereinbart werden. Sie kann etwa lauten:

»Unter der Voraussetzung der vertragsgemäßen Erbringung seiner Leistungen und Verwendung seiner Leistungen bei der Verwirklichung und Auswertung der Produktion hat der Komponist das Recht auf Nennung im Vor- und/oder Nachspann der Produktion im Einzeltitel sowie in allen Werbematerialien zum Film in folgender Form: ...«

Musik: Name des Komponisten

Verschwiegenheit

Der Komponist ist zu strikter Verschwiegenheit gegenüber Dritten über den Inhalt der Produktion, die persönlichen Verhältnisse der anderen Mitwirkenden der Produktion sowie die privaten und geschäftlichen Verhältnisse des Produzenten verpflichtet.

Schließlich nehmen Sie noch die üblichen *Schlussbestimmungen* auf. Ein Beispiel hierfür finden Sie im Anhang 2.

Sie möchten bereits komponierte Musik einspielen lassen

Prüfen Sie diesbezüglich zunächst, ob die Kompositionen noch geschützt sind. Die Schutzfristen finden Sie oben in diesem Kapitel unter »Dauer des Schutzes«. Falls die Schutzfrist abgelaufen ist, brauchen Sie sich um Urheberrechte nicht mehr zu kümmern. Achten Sie aber darauf, dass Sie tatsächlich die alten Kompositionen nutzen und nicht spätere Bearbeitungen. Hier könnten Bearbeitungsurheberrechte entstanden sein.

Sind die Urheberrechte nicht abgelaufen, so fragen Sie am besten bei der GEMA nach, bei wem die Rechte zur Filmherstellung liegen.

Vom Berechtigten müssen Sie dann zunächst die Filmherstellungsrechte (werden auch »synchronizations rights« genannt) erwerben. Soweit die Filmherstellungsrechte nicht bei der GEMA liegen, sind die Vergütungen dafür frei zu verhandeln. Einen Überblick über die Höhe branchenüblicher Vergütungen für das Filmherstellungsrecht finden Sie in den »Erfahrungsregeln« des Deutschen Musikverlegerverbandes e. V. (http://www.dmv-online.com/).

Die anschließend zur filmischen Verwertung erforderlichen Vervielfältigungs-, Verbreitung- und Vorführungsrechte werden überwiegend von der GEMA vergeben. Diese Rechte sind aber von den Auswertern zu erwerben, also etwa dem Fernsehsender oder dem Video-Programmanbieter.

Im Rahmen der Einspielung der Musik entstehen dann Leistungsschutzrechte. Von den Leistungsschutzberechtigten – das sind in diesem Fall vor allem die Musiker – lassen Sie sich dann per Vertrag die Filmherstellungs- und Auswertungsrechte gemäß der Rechteanlage übertragen. Ein Beispiel für eine aktuelle Rechteanlage finden Sie im Anhang 1.

Sie möchten Musik von einem bestehenden Tonträger übernehmen

Rechte der Urheber
Sie wenden sich zunächst an die GEMA um abzuklären, wer die Filmherstellungsrechte an Komposition und Text des gewünschten Stücks wahrnimmt. Ist es die GEMA, so bestehen feste Tarife, die zu bezahlen sind. Ist ein Verlag Rechteinhaber, so treten Sie mit diesem in Verhandlung. Die Höhe der Lizenzgebühren ist dann frei verhandelbar. Allerdings gibt es bestimmte Erfahrungsregeln, die Ihnen als Orientierungshilfe dienen: Der Deutsche Musikverlegerverband (http://www.dmv-online.com/) gibt in gewissen Abständen die »DMV-Erfahrungsregeln« heraus. Diese Erfahrungsregeln sind aber nur Empfehlungen und nicht bindend. Ein Musikverleger ist daher nicht verpflichtet, Ihnen die Rechte zu den in den Erfahrungsregeln angegebenen Preis zu lizenzieren.

Rechte der Leistungsschutzberechtigten
Für den Erwerb der Filmherstellungsrechte der Leistungsschutzberechtigten – die »master-use-licence« – wenden sie sich an die Plattenfirma. Die Plattenfirma verfügt üblicherweise über die Rechte der Sänger und Musiker sowie über die bei der Plattenfirma selbst entstandenen Leistungsschutzrechte. Diese Rechte der Leistungsschutzberechtigten kosten etwa 30% weniger als die Rechte der Urheber.

Rechte zur Filmauswertung
Die anschließend zur filmischen Verwertung erforderlichen Vervielfältigungs-, Verbreitung- und Vorführungsrechte werden überwiegend von der GEMA vergeben. Diese Rechte sind aber von den Auswertern zu erwerben, also etwa dem Fernsehsender oder dem Video-Programmanbieter.

Sonderfall: Auftragsproduktion
In Deutschland existiert ein Generalabkommen zwischen der GEMA und den Fernsehsendern. Die Sender sind berechtigt, in ihren Programmen alle Musikwerke zu verwenden, die von der GEMA verwaltet werden. Da 89% aller Musikurheber Mitglieder der GEMA sind, können Fernsehproduzenten fast alle Mu-

sikstücke verwenden. Die Produktion liefert an den Fernsehsender dann eine Liste der verwendeten Musikstücke und der Sender rechnet direkt mit der GEMA ab. Auch zwischen der GVL und den Fernsehsendern besteht ein solches Abkommen im Hinblick auf die ausübenden Künstler.

Beachten Sie hierbei Folgendes:

Das Generalabkommen deckt nur Ausstrahlungen im deutschen Fernsehen ab. Nicht erfasst sind Ausstrahlungen im Ausland, Vorführungen auf Festivals, Messen etc. Für diese Auswertungen müssen die Rechte daher gesondert eingeholt werden.

4. Nutzung von Musik ohne Einwilligung

Musikzitat

Wie bei allen Zitaten sind auch Musikzitate in Filmen nur dann zulässig, wenn der Zitatzweck gegeben ist. In Zweifelsfällen werden auch hier die Gerichte entscheiden.

> So hat etwa das Oberlandesgericht Hamburg die zweifache Einblendung eines Soldatenliedes im Rahmen des Zitatrechts als zulässig angesehen. In diesem Fall war nach dem Drehbuch vorgesehen, dass ein Schlager, der bestimmten »Sehnsüchten der Soldaten ... Rechnung trägt«, eingeblendet werden sollte. Eine solche Aussage sei für den Betrachter nur nachvollziehbar, wenn er den Schlager auch zu hören bekomme, so die Richter. Im Hinblick auf die Länge der zitierten Musik zeigen sich die Gerichte eher großzügig. Dem Betrachter soll ausreichend Gelegenheit gegeben werden, die Ausführungen im Film auch nachzuvollziehen. So waren nach Ansicht des Gerichts Einblendungen von 30 Sekunden bis zu zwei Minuten zulässig.

Dennoch ist auch das Musikzitat mit äußerster Vorsicht zu genießen. Es gibt keine pauschalen Antworten, in Zweifelsfällen entscheiden die Gerichte.

Musik als »unwesentliches Beiwerk«

Der Gesetzgeber hat vorgesehen, dass ein Rechteerwerb dann nicht erforderlich ist, wenn Musik als sogenanntes »unwesentliches Beiwerk" anzusehen ist. In seiner amtlichen Begründung nennt der Gesetzgeber als Beispiel die Aufnahme eines Musikstücks, welches im Rahmen eines Fernsehreiseberichts zufällig erklingt. Auch diese Art der Nutzung ohne Einwilligung ist äußerst gefährlich. Denn wer entscheidet darüber, dass die Musik ein Beiwerk ist, welches gar nicht auffällt?

GEMA-freie Musik

Immer wieder wird auch sogenannte GEMA-freie Musik angeboten, besonders im Internet. Wenn Sie solche GEMA-freie Musik in Ihrem Film übernehmen, tragen Sie das Risiko, wenn die Musik doch nicht GEMA-frei war.

5. Sounddesign

Auch der Sounddesigner kann ein eigenes Urheberrecht erwerben, wenn er besondere Arrangements gestaltet. Bestimmte Klänge und Geräusche sind für sich allein aber nicht schutzfähig. Anders kann dies bei Klangfolgen sein, auch bei kurzen. Im Zweifelsfall sollte die Rechteübertragung auch mit dem Sounddesigner umfassend vereinbart werden.

Kurze Einführung in das Vertragsrecht

1. Wie kommen Verträge zustande?

Ergebnisse von Vertragsverhandlungen sind bis zur vollständigen Einigung grundsätzlich nicht bindend.

Es gibt mündliche und schriftliche Verträge. Im Filmbereich sind schriftliche Verträge die Regel. Auf mündliche Vereinbarungen können Sie sich nicht verlassen.

Hinzu kommt folgender äußerst wichtiger Punkt: Selbst wenn Sie sich mit Ihrem potenziellen Vertragspartner mündlich über alle Punkte einig sind, der schriftliche Vertrag aber erst noch abgeschlossen werden soll, besteht noch kein Vertragsverhältnis. Denn Inhalte von Besprechungen und sogar mündliche Vereinbarungen sind nicht wirksam, wenn die Parteien abgesprochen haben, dass ein schriftlicher Vertrag geschlossen werden soll. Der Vertrag ist dann erst nach beiderseitiger Unterschrift tatsächlich abgeschlossen.

Durch die Aufnahme von Vertragsverhandlungen wird aber ein vertragsähnliches Vertrauensverhältnis begründet. Dieses verpflichtet die Parteien zur Sorgfalt und stellt gegebenenfalls die Grundlage für Schadensersatzansprüche dar. Hierzu folgendes Beispiel:

> Ein Autorenteam hatte sich mündlich über alle Vertragspunkte mit dem Produzenten geeinigt und, da die Zeit drängte, die erste Fassung des Drehbuchs geschrieben. Der Drehbuchvertrag wurde den Autoren vom Produzenten zugesandt, allerdings ohne Unterschrift. Die Autoren unterzeichneten den Vertrag und sandten ihn an den Produzenten. Der Produzent sandte den Vertrag aber nicht zurück. Nachdem die Autoren ihre erste Fassung beim Produzenten abgeliefert hatten, hat dieser Änderungswünsche mitgeteilt. In der Folgezeit forderten die Autoren den Produzenten immer wieder auf, den unterschriebenen Vertrag zurückzusenden. Dieser Vertrag kam aber nicht. Etwas später lehnte der Produzent schließlich überraschend jede weitere Zusammenarbeit ab und teilte den Autoren mit, sie würden eine Vergütung nicht erhalten, da ein Vertrag ja nicht geschlossen sei. Der Fall ging vor das Landgericht München I und die Richter stellten dazu fest, dass ein Vertrag tatsächlich nicht abgeschlossen sei, da dieser erst mit beiderseitiger Unterschrift zustande gekommen wäre. Die Autoren konnten jedoch beweisen, dass sie aufgrund der Drehbucharbeit einen anderen Auftrag über eine Summe von (seinerzeit) 30.000 DM abgesagt hatten. Das Gericht stellte fest, dass der Produzent den Autoren im Rah-

men der Vertragsverhandlungen den Vertragsabschluss als sicher dargestellt habe. Nur deshalb hätten die Autoren die erste Fassung des Drehbuchs geschrieben. Hätte der Produzent den Vertragsabschluss nicht als sicher dargestellt, hätten die Autoren den anderen Auftrag angenommen. Der Produzent wurde wegen »Verschuldens bei Vertragsverhandlungen« verurteilt, als Schadensersatz die Summe zu bezahlen, die die Autoren durch den anderen Auftrag verdient hätten.

2. Was bedeuten Letter of Intent, Deal Memo und Vorvertrag?

Letter of Intent

In einem Letter of Intent werden üblicherweise nur Absichtserklärungen abgegeben. Ein solcher Letter of Intent ist dann nicht bindend.

Deal Memo

Über die Verbindlichkeit von Deal Memos wird immer wieder gestritten. So hat das Landgericht Berlin in einer Entscheidung ausgeführt, dass ein im Filmgeschäft übliches Deal Memo ebenso wie ein Letter of Intent grundsätzlich nicht rechtlich verbindlich sei (LAG Berlin, AZ: 13 Sa 1456/06). Das Oberlandesgericht München hat dagegen in einer Entscheidung ausgeführt, dass es beim Deal Memo stets auf den Wortlaut und die Auslegung der in den Vereinbarungen enthaltenen Erklärungen ankomme (OLG München, ZUM 2008, Seite 68). Diese Ansicht vertritt auch der Bundesgerichtshof (AZ: I ZR 176/07).

Fazit: Wenn Sie eine verbindliche Vereinbarung abschließen möchten, vermeiden Sie Begriffe wie »Letter of Intent« oder »Deal Memo«. Verwenden Sie den eindeutigen Begriff »Vertrag« und formulieren Sie die verhandelten Inhalte in diesem Vertrag deutlich als Verpflichtung und nicht als bloße Absichten. Und das Wichtigste: Beide Vertragspartner müssen die Vereinbarung unterzeichnen.

Vorvertrag

In einem Vorvertrag verpflichten sich die Parteien, einen späteren Hauptvertrag abzuschließen. In dem Vorvertrag werden die wesentlichen Punkte des Vertrags festgehalten. Häufig wird darüber hinaus bestimmt, dass die Parteien sich über die weiteren Vertragspunkte nach Treu und Glauben verständigen. Ein Vorvertrag erhält damit bereits Verpflichtungen.

3. Der Optionsvertrag

Ein Autor bietet Ihnen als Produzenten ein interessantes, bereits entwickeltes Konzept für einen Dokumentarfilm an. Sie möchten dieses Projekt unbedingt realisieren. Zunächst jedoch wollen Sie versuchen, mit dem Konzept eine Filmförderung zu erhalten oder einen Partner (etwa einen Sender oder einen Koproduzenten) zu finden. Größere finanzielle Verpflichtungen wollen und können Sie zu diesem Zeitpunkt noch nicht eingehen. Ein Optionsvertrag ist in diesem Fall häufig eine ideale Lösung. Sie können sich die Rechte gegen einen Bruchteil des Betrags, den der Erwerb der Rechte kosten würde, sichern. Die Rechte sind dann sozusagen für Sie reserviert und Sie können sich beruhigt auf die Suche nach Partnern machen. Wirklich sicher ist ein solcher Optionsvertrag aber nur dann, wenn Sie eine »qualifizierte Option« und keine »einfache Option« vereinbaren.

Was bedeutet »einfache Option«?
In der Praxis werden häufig sogenannte einfache Optionsverträge geschlossen. In einer einfachen Option werden die Optionszeit (gegebenenfalls mit Verlängerungsmöglichkeit) und die Optionsvergütung geregelt, die häufig auf mögliche spätere weitere Vergütungen anrechenbar ist.

Wollen Sie als Produzent das Projekt realisieren, üben Sie die Option während der Optionszeit aus. Da in der einfachen Option keinerlei Vereinbarungen getroffen worden sind, zu welchen Bedingungen der Verfilmungsvertrag geschlossen werden soll, gehen die Verhandlungen erst jetzt los. Dies kann dazu führen, dass Sie plötzlich in einer schlechten Verhandlungsposition sind. Denn wenn das Projekt das Interesse eines Senders gefunden hat und möglicherweise bereits Fördergelder bewilligt sind, müssen Sie sich mit dem Autor irgendwie einigen.

Was passiert, wenn es zu keiner Einigung kommt?
Obgleich dieses Problem in der Praxis immer wieder auftaucht, ist es bis heute nicht abschließend geklärt. Nach der überwiegenden Meinung ist der Autor in einem solchen Falle nicht verpflichtet, sich unter allen Bedingungen auf einen Verfilmungsvertrag mit dem Produzenten einzulassen. Unter bestimmten Umständen ist der Autor sogar berechtigt, den Stoff anderweitig zu verkaufen. Im Musikbereich gibt es hierzu eine Entscheidung des Landgerichts Hamburg (Fundstelle: ZUM 2002, Seite 158 ff. – Option als Vorrechtsvereinbarung), die auch für Optionsverträge im Filmbereich herangezogen werden kann:

Die Moulinettes hatten mit der Plattenfirma Mama Marina Musik GbR einen Musik-verlagsvertrag und einen Bandübernahmevertrag geschlossen. In beiden Verträgen wurde eine Optionsvereinbarung aufgenommen, die lautet wie folgt: »Der Mama Marina Musik GbR wird die Option auf die Werke von drei weiteren Alben der Grup-pe Moulinettes eingeräumt.« Zwischen den Parteien kam es zum Streit und die Mou-linettes schrieben an die Plattenfirma, die Zusammenarbeit sei beendet. Daraufhin teilte die Firma der Band mit, dass sie von ihrem Optionsrecht in Bezug auf ein wei-teres Album Gebrauch machen würden. Die Moulinettes antworteten, dass sie die Ausübung dieser Option nicht annähmen und lediglich bereit seien, die Zusam-menarbeit unter verbesserten Konditionen fortzusetzen. Zu diesem Zeitpunkt be-fand sich die Band bereits in Vertragsverhandlungen mit anderen Plattenfirmen und entschloss sich schließlich zu einer Zusammenarbeit mit den Firmen »Shado« und »Quattro«. Dies wollte sich die Mama Marina Musik GbR nicht gefallen lassen, wand-te sich per E-Mail an die beiden Firmen und setzte diese darüber in Kenntnis, dass ihrer Auffassung nach die Moulinettes bereits vertraglich an sie gebunden seien. Die Band versuchte nun zunächst außergerichtlich zu erreichen, dass die Mama Marina Musik GbR sich verpflichtet, solches Verhalten zu unterlassen, da dies die Zusam-menarbeit mit »Shado« und »Quattro« gefährde. Da die Mama Marina Musik GbR eine solche Verpflichtungserklärung aber nicht abgab, kam es zur Klage. Die beklag-te Mama Marina Musik GbR berief sich auf die Ausübung der Option und dass dem-entsprechend eine Verpflichtung der Moulinettes bestehe, mit ihr zu arbeiten. Die mit dem Fall befassten Richter untersuchten nun zunächst den Wortlaut der Option. Sie kamen zu dem Schluss, dass es sich hier nur um eine sogenannte einfache Opti-on handelt. Die Moulinettes waren aufgrund dieser einfachen Option lediglich ver-pflichtet, im Falle der Veröffentlichung weiterer Alben diese zuerst der Mama Marina Musik GbR anzubieten. Ein Abschlusszwang habe aber nicht bestanden. Denn ver-pflichtet zum Abschluss eines neuen Vertrages seien die Moulinettes nur dann ge-wesen, wenn ihnen keine Plattenfirma bessere Konditionen angeboten hätte als die Mama Marina Musik GbR.

Was bedeutet »qualifizierte Option«?
Demgegenüber steht die qualifizierte Option. Sie unterscheidet sich von der ein-fachen Option dadurch, dass bereits zum Zeitpunkt des Abschlusses des Opti-onsvertrags der gesamte später mögliche Verfilmungsvertrag ausgehandelt wird. Sie schließen also einerseits einen Optionsvertrag ab. Dieser Optionsvertrag sieht genauso aus wie eine einfache Option, nur dass darin zusätzlich folgender Satz aufgenommen ist: »Wird die Option ausgeübt, tritt nachfolgender Verfilmungs-vertrag in Kraft.«

An den Optionsvertrag wird dann der Verfilmungsvertrag geheftet. Dieser Verfilmungsvertrag muss natürlich Punkt für Punkt ausgehandelt sein. Zwar steht zu diesem Zeitpunkt noch nicht fest, ob der Verfilmungsvertrag je in Kraft tritt. Trotzdem müssen Sie hier ebenso aufpassen wie bei einem »normalen« Vertrag. Denn wenn die Option durch den Produzenten ausgeübt wird, gilt der Vertrag genauso wie vereinbart. Sie können dann nicht neu verhandeln.

Während der Optionszeit – also zwischen Abschluss der Option und Ablauf des Optionszeitraums – ist der Autor bei der qualifizierten Option nicht berechtigt, die Rechte an seinem Stoff anderweitig zu verkaufen.

Welche Wirkung hat die Optionsausübung?

Wurde eine einfache Option abgeschlossen, wird verhandelt. Falls Sie sich mit Ihrem Vertragspartner nicht einigen können, kommt es nicht zum Vertrag und die (einfache) Option war sinnlos.

Bei einer qualifizierten Option tritt mit Ausübung der bereits ausgehandelte Vertrag in Kraft.

Wird die Option nicht innerhalb der vereinbarten Optionszeit ausgeübt, kann der Autor wieder frei über seine Rechte verfügen.

4. Was sind allgemeine Geschäftsbedingungen?

In der Praxis erkennt man Allgemeine Geschäftsbedingungen daran, dass sie besonders klein gedruckt und an den eigentlichen Vertrag angeheftet sind. Solche Allgemeinen Geschäftsbedingungen dienen der Rationalisierung. Wenn etwa das ZDF täglich eine Vielzahl von Verträgen mit Filmschaffenden oder Produktionen schließt, so können die Teile des Vertrags, die jeweils einheitlich sein sollen, durch solche Vereinbarungen geregelt werden. Allgemeine Geschäftsbedingungen sind damit vorformulierte Vertragsbedingungen, die eine Vertragspartei für eine Vielzahl von Verträgen verwendet. Wie bei jeder vertraglichen Regelung gelten die Allgemeinen Geschäftsbedingungen nur dann, wenn sich der betreffende Filmschaffende damit einverstanden erklärt. Das heißt, dass man auch über diese Bedingungen verhandeln kann, auch wenn der Vertragspartner, der die Allgemeinen Geschäftsbedingungen nutzt, dies oft anders darstellt.

5. Wie werden Rechte übertragen?

So wie Gegenstände gekauft oder verkauft werden können, können auch Rechte übertragen werden. Eine Rechteübertragung erfolgt in der Regel schriftlich. Zwar ist auch eine mündliche Rechteübertragung möglich, davon ist aber dringend abzuraten. Eine Filmauswertung ohne schriftliche Rechteübertragung ist nicht möglich.

6. Keine Übertragung des Urheberrechts

Das Urheberrecht als solches kann nicht vertraglich übertragen werden. Wer Urheber eines Werkes ist, bleibt dies ein Leben lang. Auch kann nicht darauf verzichtet werden. Also: einmal Urheber – immer Urheber, jedenfalls bis zu dessen Tod. Dann wird es vererbt.

7. Übertragung von Nutzungsrechten

Das Urheberrecht als solches kann also nicht übertragen werden (außer im Todesfall durch Erbfolge). Sie können anderen aber die Rechte zur Nutzung Ihres Werkes einräumen. Eingeräumt werden dann sogenannte urheberrechtliche Nutzungsrechte.

Durch die Einräumung von Nutzungsrechten gestatten Sie anderen die Nutzung Ihres Werkes. In den Verträgen müssen die Nutzungsrechte, die erworben werden sollen, einzeln aufgeführt sein. Eine Formulierung wie »…der Protagonist überträgt alle Rechte zur umfassenden Auswertung …« genügt nicht. So erklären sich die seitenlangen Rechteübertragungen, die die Urheber- und Leistungsschutzberechtigten im Rahmen der jeweiligen Verträge üblicherweise mit unterzeichnen. Inzwischen ist auch die Einräumung von Nutzungsrechten für Nutzungsarten, die noch gar nicht bekannt sind, möglich. Ein Beispiel für einen solchen Rechtekatalog finden Sie im Anhang 1.

8. Besonderheiten der Rechteübertragung im Filmbereich

Üblicherweise Rechteübertragung durch schriftlichen Vertrag

Die Rechteübertragung ist einer der wichtigsten Bestandteile der Verträge mit den Mitwirkenden einer Dokumentarfilmproduktion. Lassen Sie als Produzent jeden, der bei Ihrer Produktion mitgewirkt hat, eine Rechteübertragung unterzeichnen.

Gehen Sie hier äußerst penibel vor. Das Fehlen von Rechteübertragungen hat schon häufig dazu geführt, dass Dokumentarfilme nicht ausgewertet werden können.

Ausnahmevorschrift im Gesetz

Bereits 1965 hat der Gesetzgeber eine spezielle Regelung zugunsten der Filmproduktionen und Sender geschaffen, die im Jahre 2002 ergänzt wurde. Der Grund dafür: Die Herstellung eines Films erfordert einen wesentlich größeren Aufwand in finanzieller und organisatorischer Hinsicht als andere urheberrechtlich geschützte Werke wie Bücher, Musik oder bildende Kunst. Diesem Kostenrisiko des Produzenten soll Rechnung getragen werden. Es wurde daher eine Vorschrift geschaffen, die eine automatische Einräumung der Rechte des Urhebers vorsieht, wenn dieser in die Verfilmung seines Werks eingewilligt hat. Dies gilt aber nur, wenn im Hinblick auf die Rechteübertragung Zweifel bestehen. Gibt es also einen Vertrag, in dem die Rechteeinräumung klar geregelt ist, so geht der Vertrag dieser gesetzlichen Vorschrift vor.

Hier ein Auszug aus der betroffenen Regelung des § 88 Urheberrechtsgesetz (Recht zur Verfilmung):
1) Gestattet der Urheber einem anderen, sein Werk zu verfilmen, so liegt darin im Zweifel die Einräumung des ausschließlichen Rechts, das Werk unverändert oder unter Bearbeitung oder Umgestaltung zur Herstellung eines Filmwerks zu benutzen und das Filmwerk sowie Übersetzungen und andere filmische Bearbeitungen auf alle Nutzungsarten zu nutzen. (…).
2) Die in Absatz 1 bezeichneten Befugnisse berechtigen im Zweifel nicht zu einer Wiederverfilmung des Werks. Der Urheber ist im Zweifel berechtigt, sein Werk nach Ablauf von zehn Jahren nach Vertragsabschluss anderweitig filmisch zu verwerten.

Übertragen werden durch § 88 1 UrhG also die Verfilmungsrechte und sämtliche Rechte für heute bekannte und auch unbekannte Nutzungsarten.

Im zweiten Absatz von § 88 UrhG ist geregelt, dass Sie Ihre Rechte zur Verfilmung im Zweifel nur zehn Jahre exklusiv übertragen. Nach Ablauf der zehn Jahre können Sie Ihr Buch einem anderen Produzenten für ein Remake verkaufen. Die Erstverfilmung darf aber weiterhin durch den ursprünglichen Produzenten verwertet werden.

Eine entsprechende Regelung gibt es auch für die Urheber, die direkt an der Entstehung des Films beteiligt sind, wie etwa den Regisseur. Diese Regelung findet sich in § 89 Urheberrechtsgesetz.

Beachten Sie bei der Rechteübertragung immer auch Folgendes: Werden Rechte in einem Vertrag oder über die vorgenannten gesetzlichen Regelungen übertragen, so gilt diese Rechteübertragung unabhängig davon, ob der betroffene Filmschaffende seine Vergütung erhält oder nicht. Viele Filmschaffende gehen davon aus, dass die Rechteübertragung erst dann wirksam ist, wenn die Vergütung dafür bezahlt ist. Tatsächlich aber hat die Rechteübertragung stattgefunden und der Filmschaffende hat keine Möglichkeit, die Auswertung des Films zu untersagen. Er wird darauf verwiesen, die Vergütung auf dem üblichen Klagewege geltend zu machen. Das kann dazu führen, dass der Film längst ausgestrahlt oder im Kino gezeigt wird und der Filmschaffende sein Geld immer noch nicht erhalten hat.

9. Ausschließliche und einfache Nutzungsrechte

Ein ausschließliches Nutzungsrecht kann von demjenigen, dem es zusteht, allein, also unter Ausschluss jedes anderen, genutzt werden. Damit hat der Inhaber dieses ausschließlichen Nutzungsrechts die Möglichkeit, jedem anderen die ihm exklusiv zugewiesene Nutzung zu verbieten. Wird etwa einem Sender das ausschließliche Fernsehsenderecht weltweit für zwei Jahre eingeräumt, so darf kein anderer (auch nicht der Urheber selbst) das Werk innerhalb dieser zwei Jahre senden oder senden lassen.

Der Inhaber eines einfachen Nutzungsrechts kann das Werk neben anderen Berechtigten nutzen. Im Filmbereich ist dies selten. Es werden dort fast immer die ausschließlichen Nutzungsrechte (zumindest für einen bestimmten Zeitraum) übertragen. Denn wenn ein Produzent einem Sender ein einfaches Nutzungsrecht einräumt, kann der Produzent dieses einfache Nutzungsrecht auch noch anderen Fernsehsendern einräumen. Dies ist im Allgemeinen nicht gewünscht. Eine Ausnahme stellt der Video-On-Demand-Bereich dar. An die entsprechenden Portale werden häufig nur die einfachen Nutzungsrechte übertragen.

10. Bestseller-Paragraf gestärkt

Der Bestseller-Paragraf soll dem Urheber bei einer unerwartet erfolgreichen Verwertung seines Werks eine angemessene Beteiligung sichern. Gerade wer aus Unerfahrenheit oder wirtschaftlicher Not für einen geringen Pauschalbetrag Rechte abgegeben hat, soll nachfordern können, wenn sein Werk ein großer Erfolg wird.

In den USA führte Peggy Lee, die Miturheberin und Sängerin von sechs Liedern für die Produktion »Susi und Strolch« von Walt Disney im Jahre 1953, einen solchen Prozess. Sie hatte für ihre Leistungen insgesamt 3500 US-Dollar erhalten. Nach der unerwartet erfolgreichen Videovermarktung der Produktion forderte sie einen angemessenen Anteil. Das Gericht in den USA sprach ihr 2.300.000 US-Dollar zu.

In Deutschland waren die Voraussetzungen für den Bestseller-Paragrafen vor Inkrafttreten des neuen Urhebervertragsrechts im Jahre 2002 äußerst streng. Nur wenn sich ein grobes Missverhältnis ergeben hatte, war an einen Anspruch zu denken. Neu ist, dass die Voraussetzungen für einen solchen Nachforderungsanspruch jetzt leichter zu erfüllen sind. Es wird kein »grobes Missverhältnis« mehr gefordert. Bereits dann, wenn ein »auffälliges Missverhältnis« zwischen der bezahlten Vergütung und der, die angemessen gewesen wäre, besteht, kann nachgefordert werden. Geregelt ist dies in §32 a UrhG.

Dieser lautet:

§ 32a Weitere Beteiligung des Urhebers

1) Hat der Urheber einem anderen ein Nutzungsrecht zu Bedingungen eingeräumt, die dazu führen, dass die vereinbarte Gegenleistung unter Berücksichtigung der gesamten Beziehungen des Urhebers zu dem anderen in einem auffälligen Missverhältnis zu den Erträgen und Vorteilen aus der Nutzung des Werkes steht, so ist der andere auf Verlangen des Urhebers verpflichtet, in eine Änderung des Vertrages einzuwilligen, durch die dem Urheber eine den Umständen nach weitere angemessene Beteiligung gewährt wird. Ob die Vertragspartner die Höhe der erzielten Erträge oder Vorteile vorhergesehen haben oder hätten vorhersehen können, ist unerheblich.

2) Hat der andere das Nutzungsrecht übertragen oder weitere Nutzungsrechte eingeräumt und ergibt sich das auffällige Missverhältnis aus den Erträgnissen oder Vorteilen eines Dritten, so haftet dieser dem Urheber unmittelbar nach Maßgabe des Absatzes 1 unter Berücksichtigung der vertraglichen Beziehungen in der Lizenzkette. Die Haftung des anderen entfällt.

3) Auf die Ansprüche nach den Absätzen 1 und 2 kann im Voraus nicht verzichtet werden. Die Anwartschaft hierauf unterliegt nicht der Zwangsvollstreckung; eine Verfügung über die Anwartschaft ist unwirksam.

4) Der Urheber hat keinen Anspruch nach Absatz 1, soweit die Vergütung nach einer gemeinsamen Vergütungsregel (§ 36 UrhG) oder tarifvertraglich bestimmt worden ist und ausdrücklich eine weitere angemessene Beteiligung für den Fall des Absatzes 1 vorsieht.

Diese Regelungen gelten auch für Altverträge, die vor Erlass des Gesetzes geschlossen wurden, aber nur dann, wenn der Bestsellerfall nach dem 28. 3. 2002 eingetreten ist.

Im Folgenden ein Fall, der erhebliches Aufsehen in der Fernsehbranche erregt hat:

Im Jahre 1994 bat ein Produzent einen Drehbuchautor darum, Ideen für einen Krimi mit Ottfried Fischer zu entwickeln. Der Autor fertigte daraufhin einen Plot, eine Story-Outline und später insgesamt sieben Drehbücher für die daraus entstandene Serie »Der Bulle von Tölz« an. Als Vergütung erhielt er hierfür insgesamt 625.000 DM. Die Serie »Der Bulle von Tölz« hatte ungemein großen Erfolg und erzielte jedenfalls seit 1999 sehr hohe Einschaltquoten. Die einzelnen Folgen der Serie werden nicht nur in Deutschland, sondern auch in anderen Ländern ausgestrahlt. In Deutschland wurden die einzelnen Folgen inzwischen mehrfach wiederholt.

Da auf der Grundlage seines Formats zahlreiche Drehbücher erstellt wurden, die andere Autoren verfassten, forderte der Autor im Jahre 1999 durch seinen Anwalt weitere Vergütungen, insbesondere eine feste Vergütung für jede Folge der Serie, für die er die Drehbücher nicht verfasst hatte. Der Produzent zahlte dem Autor nun einen weiteren Betrag von knapp 190.000 Euro. Insgesamt erhielt der Autor also etwa 500.000 Euro.

Im Jahre 2007 wandte sich der Autor abermals an den Produzenten und teilte diesem mit, dass ihm Nachzahlungen wegen der häufigen Wiederholungen des »Bullen von Tölz« zustünden. Es bestehe ein auffälliges Missverhältnis zwischen der Vergütung, die er erhalten habe, und den Erträgen und Vorteilen, die der Produzent aus der Nutzung seines Werkes ziehen konnte. Daher habe er einen Anspruch auf eine weitere Beteiligung.

Mit den ihm gezahlten Pauschalhonoraren könnten höchstens vier Ausstrahlungen (Erstausstrahlung sowie drei Wiederholungen) abgegolten sein, so der Autor. Bei den Wiederholungen der nach seinen Drehbüchern erstellten Folgen außerhalb der Sendegruppe von Sat.1 sei eine Beteiligung von mindestens 50% an den erzielten Erlösen angemessen. Bei den Wiederholungen der Folgen, die auf Drehbüchern Dritter beruhen, von mindestens 30%. Die Beteiligung von Kreativen sei in Höhe von 50% an den Bruttoerträgen angemessen. Auf den Drehbuchautor müssten demnach 3–5% der Werbeerlöse und sonstigen Erträge und Vorteile entfallen. Um den Anspruch berechnen zu können, sollte der Filmhersteller zunächst Auskunft unter anderem über die Auswertung der Serienfolgen sowie über die erzielten Erlöse erteilen. Der Filmhersteller allerdings war der Ansicht, dass der Autor keinen Anspruch auf die geforderten Auskünfte habe. Der Autor ließ daher durch seinen Anwalt Klage vor dem Landgericht Berlin (AZ: 16 O 8/07) erheben und verlangte Auskunft und – darauf aufbauend – Zahlung von weiteren Beteiligungen.

Die Richter stellten zunächst fest, dass ein Auskunftsanspruch nur bestehe, wenn hinreichende Anhaltspunkte für das Vorliegen eines auffälligen Missverhältnisses gegeben seien. Ausgangspunkt für die Ermittlung des Missverhältnisses sei die angemessene Vergütung. Angemessen sei nach § 32 Absatz 2 Satz 2 Urheberrechtsgesetz dasjenige, das im Zeitpunkt des Vertragsschlusses dem entspricht, was im Geschäftsverkehr nach der Nutzungsmöglichkeit der Werke des Autors, insbesondere der Art und Dauer der Nutzung, üblicher- und redlicherweise zu leisten sei. Dies könne sich nur daran orientieren, was in vergleichbaren Fällen zur Zeit des Vertragsabschlusses redlicher- und üblicherweise vereinbart worden sei. Anhaltspunkte dafür, dass der Kläger mit seiner Vergütung im Vergleich zu anderen vergleichbaren Kreativen unterbezahlt sei, seien aber nicht ersichtlich und vom klagenden Drehbuchautor auch gar nicht vorgetragen worden.

Das Gericht prüfte dabei auch die Rechtmäßigkeit der sogenannten »Buy-out-Honorare«. Diese Art der Vergütung führe jedenfalls in der Filmwirtschaft nicht generell zu unangemessenen Ergebnissen. Es komme immer auf den konkreten Einzelfall an.

Auch der Vergleich mit Wiederholungszahlungen öffentlich-rechtlicher Sender half dem Autor nicht weiter. Dieser Vergleich sei nicht geeignet, so die Richter, Rückschlüsse auf die angemessene Vergütung von Drehbuchautoren im Verhältnis zu privaten Sendern zu ziehen. Zum einen sei eine Buy-out-Vergütung mit weniger Risiko behaftet als eine gestaffelte Zahlung je nach Wiederholungen. Zum anderen würden Privatsender gänzlich anderem Finanzierungsdruck als öffentlich-rechtliche Sender unterliegen.

Ein auffälliges Missverhältnis liege nur dann vor, so die Richter, wenn der vereinbarte Betrag von insgesamt etwa 500.000 Euro um 100% unter der angemessenen Vergütung liege. Dass die angemessene Vergütung bei etwa einer Million Euro gelegen habe, konnte der Autor nicht belegen.

Die Klage des Drehbuchautors wurde abgewiesen.

Das wollte sich der Autor nicht gefallen lassen. Er ging in Berufung vor das Kammergericht Berlin (AZ: 24 U 88/09) und erzielte einen Erfolg.

Denn das Kammergericht stellte zunächst klar, dass der Urheber einen Anspruch darauf habe, am Erfolg eines Werks angemessen beteiligt zu werden, wenn er für den Erfolg mitursächlich sei. Würden im Nachhinein Umstände festgestellt werden, aus denen hervorgehe, dass der Urheber einen Anspruch habe, so könne er die Offenlegung der Rechnungen und Bilanzen verlangen, um für sich die Voraussetzungen einer angemessenen Vergütung berechnen zu können. Angemessen sei eine Vergütung schließlich immer dann, wenn ein eklatantes Missverhältnis zwischen dem vereinbarten Honorar liege und dem, welches aufgrund des Serien-Erfolgs im Nachhinein üblicher- und redlicherweise gezahlt worden wäre. Im vorliegenden Fall gebe es Anhaltspunkte sowohl für ein »grobes« als auch für ein »auffälliges« Missverhältnis. Mit Urteil vom 13. 1. 2010 hob das Kammergericht daher das erstinstanzliches Urteil auf und entschied, dass Sat.1 dem Autor Auskunft geben müsse, sowohl über die Häufigkeit der Ausstrahlungen als auch über die »Erträge und Vorteile«, die der Sender durch Ausstrahlung und Weiterlizenzierung der Serie erzielt habe.

In einem weiteren Schritt wird dann festgestellt werden, in welcher Höhe der Sender den Autor an den »Erträgen und Vorteilen« zu beteiligen hat, die Sat.1 mit der Verwertung der Rechte erzielt hat und noch erzielt.

11. Anspruch auf angemessene Vergütung

Sie haben einen Vertrag unterschrieben, der eine sehr niedrige Vergütung für Sie vorsieht. Ihr Buch wird abgenommen und verfilmt. Ein Jahr später stellen Sie im Gespräch mit anderen fest, dass Ihre Kollegen für eine ähnliche Arbeit weit mehr Geld erhalten haben als Sie. Hier greift nun das neue Gesetz: Sie haben die Möglichkeit, eine Änderung Ihres Vertrages zu erzwingen. Ihr Anspruch geht auf Zahlung einer angemessenen Vergütung. Diese Regelung findet sich in §32 Urheberrechtsgesetz:

§ 32 Angemessene Vergütung

1) Der Urheber hat für die Einräumung von Nutzungsrechten und die Erlaubnis zur Werknutzung Anspruch auf die vertraglich vereinbarte Vergütung. Ist die Höhe der Vergütung nicht bestimmt, gilt die angemessene Vergütung als vereinbart. Soweit die vereinbarte Vergütung nicht angemessen ist, kann der Urheber von seinem Vertragspartner die Einwilligung in die Änderung des Vertrages verlangen, durch die dem Urheber die angemessene Vergütung gewährt wird.

2) Eine nach gemeinsamen Vergütungsregeln (§36) ermittelte Vergütung ist angemessen. Im Übrigen ist die Vergütung angemessen, wenn sie im Zeitpunkt des Vertragsschlusses dem entspricht, was im Geschäftsverkehr nach Art und Umfang der eingeräumten Nutzungsmöglichkeit, insbesondere nach Dauer und Zeitpunkt der Nutzung, unter Berücksichtigung aller Umstände üblicher- und redlicherweise zu leisten ist.

3) Auf eine Vereinbarung, die zum Nachteil des Urhebers von den Absätzen 1und 2 abweicht, kann der Vertragspartner sich nicht berufen. Die in Satz 1 bezeichneten Vorschriften finden auch Anwendung, wenn sie durch anderweitige Gestaltungen umgangen werden. Der Urheber kann aber unentgeltlich ein einfaches Nutzungsrecht für jedermann einräumen.

4) Der Urheber hat keinen Anspruch nach Absatz 2 Satz 3, soweit die Vergütung für die Nutzung seiner Werke tarifvertraglich bestimmt ist.

Es handelt sich auch hier um eine Regelung, die im Rahmen des neuen Urhebervertragsrechts am 1 .7. 2002 in Kraft getreten ist.

Als »angemessen« gilt ein Betrag, der zum Zeitpunkt Ihres Vertragsabschlusses üblich und redlich gewesen wäre. Als Maßstab gilt dann das Branchenübliche.

Damit für alle Seiten mehr Klarheit geschaffen wird, sieht das Gesetz vor, dass Vereinigungen von Urhebern (etwa der Verband Deutscher Drehbuchautoren oder der Schriftstellerverband) gemeinsam mit den Werknutzern Standards erstellen, die festlegen, was als »angemessene Vergütung« zu gelten hat. Solche Standards liegen bis heute allerdings nicht vor.

Finanzierung/Förderung

Mit der Herstellung des Films sollten Sie erst beginnen, wenn die Finanzierung geschlossen ist. Bei fast allen Ihren Filmprojekten werden Sie dabei auf finanzielle Mittel Dritter angewiesen sein.

1. Finanzierungskomponenten

Die Finanzierung setzt sich üblicherweise aus verschiedenen Komponenten zusammen:
- Sendeunternehmen (als Auftragsproduzenten, Gemeinschafts- bzw. Koproduzenten oder Lizenznehmer)
- andere Produktionsfirmen als Koproduktionspartner
- Lizenzpartner (DVD-Anbieter, Verleih, Weltvertrieb, in besonderen Fällen Verlag)
- Filmförderungen
- Banken – die aber üblicherweise als Darlehensgeber und nicht als Investoren auftreten
- Kapitalgeber aus der Privatwirtschaft

2. Filmförderung

Man unterscheidet drei Arten der Förderung:
- Nicht rückzahlbare Zuschüsse
- (bedingt) rückzahlbare Förderdarlehen
- Referenzmittel, die nicht zurückgezahlt werden müssen. Sie werden von der Filmförderungsanstalt FFA und dem Bundesministerium des Inneren BMI jeweils für den nächsten programmfüllenden Film gewährt.

Förderungen können beantragt werden für:
- Drehbuchentwicklung
- Projektentwicklung
- Produktion
- Postproduktion
- Verleih- und Vertrieb

Das European Documentary Network (EDN) gibt den EDN Financing Guide heraus. Mitglieder der Organisation erhalten den Guide kostenfrei, für Nichtmitglieder kostet er derzeit 100 Euro zzgl. Porto. Sie finden in diesem Guide sehr viele wichtige Tipps und Informationen zur Finanzierung und Auswertung Ihrer Produktion. Auch beinhaltet er Informationen und Kontaktdaten zu Fernsehredakteuren, Verleihern, Filmförderungen und VoD-Plattformen – auch für die deutschsprachigen Gebiete. Im Internet finden Sie den EDN unter: www.edn.dk

Hier die wichtigsten Förderungen im Überblick. Gehen Sie auf die jeweils angegebenen Websites der Förderinstitutionen, um sich über alle Einzelheiten zu informieren.

Bund

Filmförderungsanstalt (FFA)
Die FFA erhebt sowohl von Filmtheaterbetreibern und Videoprogrammanbietern als auch von Fernsehveranstaltern sowie Programmvermarktern eine Filmabgabe nach dem Filmförderungsgesetz. Über Steuermittel verfügt die FFA nicht.
Die FFA förderte im Jahr 2009 sechs Dokumentarfilmprojekte für insgesamt 585.000 Euro.
www.ffa.de/

Beauftragter der Bundesregierung für Angelegenheiten der Kultur und der Medien (BKM)
»Hervorragende abendfüllende Filmproduktionen« können vom BKM gefördert werden. 2009 wurden 25 Dokumentarfilmprojekte mit 2.246.851 Euro gefördert.
www.bundesregierung.de/Webs/Breg/DE/Bundesregierung/BeauftragterfuerKulturundMedien/Medienpolitik/Filmfoerderung/filmfoerderung.html

Deutscher Filmförderfonds (DFFF)
Der Deutscher Filmförderfonds DFFF förderte in 2009 25 Dokumentarfilmprojekte mit 2.246.851 Euro.
www.ffa.de/index.php?page=dfff_start

Stiftung Kuratorium junger deutscher Film
www.kuratorium-junger-film.de/

Bundesländer

Die Wirtschafts- und Standortförderung steht im Fokus der Förderinstitutionen der Länder. Dementsprechend werden Förderungen nur dann gewährt, wenn ein erheblicher Teil – in der Regel mehr als die geförderte Summe – im betreffenden Bundesland ausgegeben wird (Regional- oder Ländereffekt).

Baden Württemberg
Medien u. Filmgesellschaft Baden Württemberg mbh
2009 wurden elf Dokumentarfilmproduktionen und zusätzlich vier »junge« Dokumentarfilmproduktionen gemeinsam mit dem Südwestfunk gefördert mit insgesamt 1.381.000 Euro.
www.mfg.de/film/

Bayern
FilmFernsehFonds Bayern GmbH
Der FFF hat im Jahre 2009 zwölf Dokumentarfilmproduktionen mit 900.000 Euro und im Rahmen der Projektentwicklung drei Dokumentarfilme mit 59.000 Euro gefördert.
www.fff-bayern.de

Berlin
Medienboard Berlin Brandenburg
Es förderte 2009 25 Dokumentarfilmprojekte mit 1.397.260 Euro und zusätzlich den Verleih und Vertrieb von acht Dokumentarfilmprojekten mit 106.000 Euro.
www.medienboard.de

Hamburg/Schleswig-Holstein
Filmförderung Hamburg Schleswig-Holstein GmbH
Sie förderte 2009 19 Dokumentarfilmprojekte mit 990.000 Euro und zusätzlich förderte die Filmwerkstatt Kiel neun Dokumentarfilmprojekte mit 127.000 Euro.
www.ffhsh.de

Hessen
Hessen-Invest Film
Sie förderte 2009 zwei Dokumentarfilmprojekte mit 580.000 Euro.
www.hessen-invest-film.de

Mecklenburg-Vorpommern
- Kulturelle Filmförderung Mecklenburg-Vorpommern, Filmbüro MV
www.landesfilmzentrum.de

Nordrhein-Westfalen
Filmstiftung Nordrhein-Westfalen GmbH
Die Filmstiftung NRW GmbH förderte 2009 29 Dokumentarfilmproduktionen
mit 2.881.000 Euro. Die angegliederte Gerd Ruge Projekt-Stipendium förderte in
2009 Dokumentarfilmproduktionen für 100.000 Euro.
www.filmstiftung.de/

MDM Sachsen/Sachsen-Anhalt/Thüringen
Mitteldeutsche Medienförderung GmbH
Sie förderte 2009 13 Dokumentarfilmprojekte mit insgesamt 935.000 Euro.
www.mdm-online.de/

Hier die wichtigsten europäischen Förderprogramme:

Die Media-Programme

Einreichen können Sie für folgende Förderungen:
• Einzelprojekt (Entwicklungsförderung)
• Mehrere Projekte (Slate Funding – Entwicklungsförderung)
• TV-Ausstrahlung (Fernsehproduktionen)
• MEDIA New Talent
• i2i Audiovisual (Förderung von Finanzierungskosten) www.mediadesk-
  deutschland.eu
• Eurimages (Förderung von Kinoproduktionen mehrerer europäischer Pro-
  duktionspartner) www.coe.int/t/dg4/eurimages/default_en.asp

Die Produktion

1. Auftragsproduktion für einen Fernsehsender

Viele Dokumentationen – insbesondere für Magazinsendungen oder Reihen – sind Auftragsproduktionen der Fernsehsender.

Eine »echte Auftragsproduktion« liegt vor, wenn der Auftraggeber – üblicherweise also der Fernsehsender – dem Produzenten die Herstellung eines Films überträgt und der Produzent das Vorhaben als selbstständiger Unternehmer durchführt. Er ist dabei für die Durchführung des Projekts verantwortlich. Die Vertragsparteien schließen einen Werkvertrag.

Die Produktion wird kalkuliert und der Sender trägt bei Fernsehproduktionen:

* die kalkulierten Kosten (oder einen Großteil davon). Häufig wird das Budget aber durch den Betrag bestimmt, den der Sender zu zahlen bereit ist und nicht durch den realen Geldmittelbedarf. Bei Dokumentarfilmproduktionen mit 43 min Länge liegt die Auftragsproduktionssumme in vielen Fällen unter 100.000 Euro.
* die Handlungsunkosten (üblicherweise zwischen 6 und 7% der Nettoherstellungskosten – bei Herstellungskosten unter 150.000 Euro kann der Satz etwas höher liegen) Die Arbeitsgemeinschaft Dokumentarfilm (AG DOK) hat mit der ARD sowie dem ZDF Verhandlungen über verbesserte Rahmenbedingungen bei Auftrags- und Koproduktionen mit den Sendern aufgenommen. Dabei fordert die AG DOK unter anderem die Anhebung der Handlungskosten.
* den Gewinn, der meist mit 5% bis 7,5% veranschlagt wird. Dabei bilden die Herstellungskosten zuzüglich der Handlungskosten die Berechnungsgrundlage.
* Für mögliche Überschreitungen bei einer solchen Festpreisproduktion muss der Produzent aufkommen. Er schließt in eigenem Namen und auf eigene Rechnung die Verträge mit den Mitwirkenden.

Im Gegenzug überträgt der Produzent:

* alle oder fast alle Nutzungsrechte auf den Sender, und zwar zeitlich und örtlich unbegrenzt. Die AG Dok und die anderen (Produzenten-)Verbände bemühen sich um Wiederholungshonorare sowie den Rechterückfall an den Produzenten nach einigen Jahren. Dies konnte bislang jedoch nicht durchgesetzt werden.

Gelegentlich kann der Produzent gewisse Rechte zurückbehalten und diese selbst auswerten (beispielsweise Video-on-Demand-Rechte oder bestimmte Auslandsrechte), wenn er sich bereit erklärt, bestimmte Leistungen selbst beizustellen oder eigene Mittel einzubringen, um das Budget zu erhöhen.

Selten kann der Produzent einen Beteiligungsanspruch vereinbaren, der ihm einen gewissen Prozentsatz von den Nettoerlösen bestimmter Auswertungen sichert.

Der Auftragsproduktionsvertrag

Vertragsgegenstand

Vor Abschluss des Vertrags sollten Sie sich mit dem Sender möglichst konkret über den Inhalt Ihres Projekts abgestimmt haben. Selbstverständlich sollten die Länge, der konkrete Inhalt (gegebenenfalls mit der Altersfreigabe), das Aufzeichnungsmaterial, das Material, auf dem die Produktion abzuliefern ist, die Protagonisten und die Schauplätze festgelegt sein. Am besten sollte ein ausführliches Konzept (Synonym für Treatment) oder Drehbuch durch den Sender abgenommen sein und dem Vertrag als Vertragsbestandteil beigelegt werden. Im nachfolgend beschriebenen Fall hat der Produzent diesen Punkt offensichtlich nicht berücksichtigt:

Nach jahrelangen Diskussionen über die Gestaltung einer dreiteiligen Fernsehdokumentation trat der Bayerische Rundfunk (BR) vom Auftragsproduktionsvertrag zurück und verlangte den geleisteten Vorschuss vom Produzenten heraus. Den Rücktritt begründete der Sender damit, dass der beauftragte Filmhersteller trotz Aufforderung seine Leistung nicht vertragsgemäß erbracht habe. Der Produzent sah das anders. Er habe überhaupt nicht gewusst, was der BR genau von ihm wollte. Der Sender habe versäumt, ihm konkret mitzuteilen, was er für abnahmefähig halten würde. Die Sache landete vor Gericht und ging durch zwei Instanzen.

Bereits im Jahr 2001 begann der BR mit einem Allgäuer Filmproduzenten über die Herstellung einer Fernsehproduktion zu verhandeln. Im November 2002 lag ein Treatment vor und man verständigte sich darauf, dass eine dreiteilige Dokumentation mit dem Titel »Wer sich heilt, hat recht« realisiert werden sollte. Ein gutes Jahr später, im Januar 2004 wurde schließlich ein Vertrag geschlossen.

Grundlage des Vertrags sollte ein dem BR vorgelegtes und genehmigtes Exposee sein. Vom Sender gegebenenfalls erbetenen Änderungswünschen sollte der Produzent Rechnung tragen. Ansonsten sollte der Filmhersteller allein die Verantwortung in künstlerischer, organisatorischer und finanzieller Beziehung tragen. Der BR zahlte dem Dokumentarfilmproduzenten nun eine Rate von 37.500 Euro bei Vertragsschluss und eine ebenso hohe Rate bei Drehbeginn aus.

Nun begann ein jahrelanges Hin und Her. Es gab umfangreichen Schriftverkehr, eine Vielzahl von Gesprächen und mehrere Treffen zwischen den Vertragspartnern und einen erfolglosen Versuch einer Rohschnittabnahme.

Schließlich forderte der Fernsehsender den Filmhersteller mit Schreiben vom 14. 3. 2007 auf, bis spätestens 29. 3. 2007 einen Gestaltungsvorschlag für die drei Folgen à 45 Minuten in einer rohschnittabnahmefähigen Version vorzulegen. Grundlage sollte ein Treatment vom 10. 3. 2003 sein sowie Anmerkungen, die bei einer früheren versuchten Rohschnittabnahme gemacht wurden. Berücksichtigt werden sollten aber auch die geführten Gespräche und Schriftwechsel.

Das Treatment vom 10. 3. 2003, das Grundlage der Dokumentation werden sollte, lag dem Filmhersteller aber nicht mehr vor. Er bat daher den BR in drei verschiedenen Schreiben (jeweils vom 29. 3. 2007, vom 18. 4. 2007 und vom 2. 5. 2007) um Zusendung des Treatments. Der Sender reagierte darauf aber nicht mehr. Mit Schreiben vom 14. 5. 2007 erklärte er vielmehr den Rücktritt vom Vertrag und forderte die gezahlten Raten zurück. Da der Filmhersteller die Forderung nicht erfüllte, klagte der Sender.

Die Richter des Landgerichts München I gaben dem BR Recht. Der Produzent habe seine Verpflichtungen aus dem Vertrag nicht erfüllt. Die künstlerische Verantwortung habe bei ihm gelegen und er habe die Änderungswünsche des Senders gekannt. Das Treatment, auf welches der BR Bezug genommen habe, sei ihm bekannt gewesen. Der Sender habe es ihm nicht zur Verfügung stellen müssen. Im Übrigen habe er das erste Schreiben, mit dem er das Treatment vom Fernsehsender angefordert habe, erst am Tag des Fristablaufs abgesandt. Der Produzent wurde zur Rückzahlung der erhaltenen 75.000 Euro verpflichtet.

Der Filmhersteller ging in Berufung vor das Oberlandesgericht München (AZ: 29 U 3316/08). Dort stellten die Richter zunächst fest, dass ein Rücktritt nur dann wirksam erklärt werden könne, wenn für den Vertragspartner klar bestimmt ist, was von ihm erwartet wird.

Etwas anderes gelte nur dann, wenn sich aus dem abgeschlossenen Vertrag konkret ergebe, was vom Produzenten genau gefordert werde. Im Vertrag von 2004 gab es zwar eine Bezugnahme auf ein »genehmigtes Exposee«, dieses Exposee war im Laufe der Jahre aber mehrfach überarbeitet und erweitert worden, sodass es als Grundlage für die Gestaltung des Dokumentarfilmes nicht mehr geeignet war.

Aus dem Vertrag ergab sich damit keine konkrete Bestimmung, wie der Film vom BR gewünscht war. Nun prüfte das Oberlandesgericht die Aufforderungen des Senders an den Filmhersteller mit Schreiben vom 14. 3. 2007. Dort hatte es geheißen:

Die rohschnittabnahmefähige Version sei gemäß dem Treatment vom 10. 3. 2003 zu erstellen und den anlässlich der versuchten Rohschnittabnahme gesammelten Anmerkungen. Auch habe der Produzent die Hinweise des BR bei den geführten Gesprächen und dem Schriftwechsel bei der Gestaltung der drei Folgen zu berücksichtigen. Ein Teil der betroffenen Schreiben und Unterlagen wurde den Richtern nun vorgelegt. Nach einer Durchsicht stellten sie klar, dass der Produzent auf Grund dieser Informationen nicht wissen konnte, was vom Sender gewünscht war. Der Sender wandte nun ein, dass der Produzent in der künstlerischen Gestaltung des Filmes frei gewesen sei und dennoch nicht geliefert habe. Auch das sah das Gericht anders: Der Bayerische Rundfunk habe die künstlerische Gestaltungsfreiheit des Filmherstellers durch immer neue Änderungswünsche eingeengt, um schließlich – als man an einem Punkt der Stagnation angelangt war – festzustellen, der Produzent müsse, gestützt auf seine Gestaltungsfreiheit, selbst wissen, welches Werk er abzugeben habe. Das Oberlandesgericht hob die erstinstanzliche Entscheidung auf und gab dem Filmhersteller Recht. Der Rücktritt des Senders wurde für unwirksam erklärt, der Produzent muss die erhaltenen Raten nicht zurückzahlen.

Zwar hat der Produzent das Gerichtsverfahren letztendlich gewonnen, durch eine klare, schriftlich festgelegte Vereinbarung mit dem Sender über den Inhalt der Dokumentation hätten er und der Sender sich diesen Ärger ersparen können.

Auch die abgenommene Kalkulation und die technischen Richtlinien des Senders werden dem Vertrag in der Regel beigefügt.

Letztentscheidungsrecht/Änderungswünsche des Senders

Der Sender ist bei der Auftragsproduktion üblicherweise berechtigt, Einfluss auf die Produktion in künstlerischer und technisch-organisatorischer Hinsicht zu nehmen. Der Sender hat das Letztentscheidungsrecht.

Soweit der Sender nach Abschluss des Vertrags und nach Abnahme Ihres Konzepts Änderungen wünscht, sollte vereinbart werden, dass diese Änderungen vom Sender zu bezahlen sind.

Termine

Weiterhin werden der Herstellungszeitraum, der Ablieferungstermin und der Abnahmetermin vertraglich festgelegt.

Fälligkeiten

Wichtig ist auch, dass die Auszahlung der Herstellungskosten durch den Sender entsprechend dem Produktionsfortschritt erfolgt. Üblich ist dabei folgende Staffelung:

je eine Rate bei

- Vertragsabschluss
- Drehbeginn (oder Drehende)
- Rohschnittabnahme
- Endabnahme

In manchen Fällen werden auch nur 3 Raten vereinbart:

- bei Vertragsschluss
- bei Rohschnittabnahme
- bei Endabnahme

Die Vereinbarung einer Staffelung der Auszahlung der Vergütung haben die Dokumentarfilmer einer siebenminütigen Dokumentation nicht beachtet:

Vor dem Landgericht Mainz (AZ: 1 O 57/03) landete ein Rechtsstreit, in dem es um die Abnahme einer siebenminütigen Dokumentation für das Auslandsjournal ging. Die Dokumentarfilmer hatten zwei Schnittfassungen und schließlich eine dritte Textfassung mit Schnittliste für das Rohmaterial erstellt. Beim ZDF fanden die Fassungen wenig Anklang. Die Abnahme wurde endgültig abgelehnt, das ZDF trat vom Vertrag zurück, die Rechnung wurde nicht bezahlt. Das wollten sich die Dokumentarfilmer nicht gefallen lassen. Sie verklagten das ZDF auf Zahlung der vereinbarten Gesamtvergütung.

Im Juni 2002 hatte die Filmproduktionsfirma, der Redaktion »ZDF-Dokumentationen« einen Projektvorschlag für eine 45-minütige Reportage über den Busbahnhof »Otogar« in Ankara unterbreitet und ein Exposee übersandt. Kurz darauf nahm der damalige Leiter des Auslandsjournals mit der Firma Kontakt auf und bekundete Interesse an einer Zusammenarbeit. Das ZDF wollte jedoch keine längere Dokumentation, sondern einen siebenminütigen Beitrag. Nach einiger Überlegungszeit nahm die Produktion den Auftrag an und forderte als Honorar eine Lizenzgebühr von netto 9000 Euro bei Übertragung der Rechte auf das ZDF. Das war dem ZDF zu teuer. Die Parteien verhandelten daher und man einigte sich schließlich auf einen Betrag von 8500 Euro zuzüglich Mehrwertsteuer. Das Produktionsteam reiste nun in die Türkei und fertigte die Filmaufnahmen. Im August wurde die Videofassung des Films und die Textliste beim ZDF abgeliefert. Wenige Tage später kam der schriftliche Vertrag, der unterzeichnet wurde. In diesem ist unter anderem vorgesehen, dass die Vergütung erst fällig ist nach redaktioneller und technischer Endabnahme.

Das Stück entspreche nicht den Kriterien, die das Auslandsjournal verlange, monierte dessen Leiter mit E-Mail vom 20. 8. 2002. Er führte verschiedene Mängel auf. In nachfolgenden Gesprächen wurde vereinbart, dass die Dokumentarfilmer den Beitrag durch eine zweite Schnittfassung überarbeiten würden. Zu dem sollte vorab eine zweite Textliste übermittelt werden. So geschah es: Die zweite Fassung wurde dem ZDF am 29. 8. 2002 zugeleitet. Gut zwei Wochen später erreichte die Produktion abermals eine Hiobsbotschaft. Auch die neue Version genüge den Anforderungen nicht. Es gebe keine zusammenhängende Geschichte und keinen roten Faden, die beschriebenen gigantischen Ausmaße des Busbahnhofs würden durch die Bilder nicht vermittelt. Wieder wurden Gespräche aufgenommen. Diese endeten damit, dass eine Kommentarliste und eine Schnittliste erstellt und diese zusammen mit dem kompletten Filmmaterial an das ZDF übersandt werden sollte. Der Sender wollte nun selbst den Versuch unternehmen, aus dem Material einen Beitrag zu erstellen. Das gelang auch nicht. Angeblich taugte das Rohmaterial nichts. Eine Endabnahme sei nicht möglich, so verlautete es aus der Redaktion. Doch damit nicht genug. Die Auflösung des gesamten Vertrages durch das ZDF wurde angekündigt. Die Filmemacher wiesen in einem längeren Schreiben die Vorbehalte des ZDF zurück und machten unter anderem geltend, dass es der Sender mit allen möglichen Tricks geschafft habe, dass die Produktionsfirma insgesamt 14.000 Euro habe vorschießen müssen. Für die Zahlung des vereinbarten Betrages von 8500 Euro zuzüglich Mehrwertsteuer setzte die Firma eine Frist bis 25. 10. 2002. Diese Frist ließ das ZDF ereignislos verstreichen. Am 7. 11. 2002 antwortete der Justitiar des Senders und machte geltend, dass weder eine Abnahme stattgefunden habe noch sei eine solche möglich. Der Beitrag sei mangelhaft und die Mängel hätten auch durch den Versuch der Selbstvornahme nicht behoben werden können. Mit Recht habe daher das ZDF den Vertragsrücktritt erklärt.

Nun waren die Richter an der Reihe. Sie stellten zunächst fest, dass hier ein Werkvertrag vorliege. Ein Rücktritt setze voraus, dass ein Werk mangelhaft sei und darüber hinaus, dass zur Beseitigung dieses Mangels eine angemessene Frist gesetzt wurde und diese erfolglos verstrichen sei. Nun musste also festgestellt werden, ob die gelieferten Fassungen mangelhaft waren oder nicht. Das ZDF teilte hierzu mit, dass im Zuge des Vertragsabschlusses bestimmte Abreden getroffen worden seien. So sei auf die inhaltlichen Anforderungen der Redaktion hingewiesen worden und der Dokumentarfilmer habe erklärt, er sei mit der Handschrift des Auslandsjournals vertraut. Man habe sich einen subjektiven Erlebnisbericht vorgestellt, der an einer oder zwei Personen festgemacht werde, wie das bei Berichten des Auslandsjournals üblich sei. An diese Vorgaben habe sich die Produktion nicht gehalten. Das Gericht beauftragte nun einen Sachverständigen. Nachdem dieser das Material gesichtet hatte, trug er vor, dass bereits die erste Fassung durch eine leichte Bearbeitung zu einem durchaus sendbaren Beitrag hätte gemacht werden können. Er beanstandete lediglich kleine Fehler, dass nämlich bei einer Verkaufsszene einmal jemand für ein oder zwei Einzelbilder in die Kamera blicke. Und die interviewte Ärztin im Gespräch ein wenig gezwungen wirke. Auch die zweite Fassung sei weder inhaltlich noch formal groß zu beanstanden. Die dritte Fassung hielt der Sachverständige für die schlechteste. Darauf kam es den Richtern aber gar nicht mehr an. Denn der Sachverständige hatte mehrere andere Beiträge des Auslandsjournals angesehen und kam zu dem Schluss, dass angesichts der Heterogenität der erschienenen Beiträge des Magazins nicht von einer festen impliziten Formatierung gesprochen werden könne. Das bunte Stück, das die Kläger abgeliefert hätten, entspreche der Praxis der Sendung, deren übliche Beiträge keineswegs von einem engen und absolut gesetzten Begriff der Reportage ausgingen. Dem schlossen sich die Richter an. Sie entschieden für die Filmproduktion. Das ZDF hatte die gesamte vereinbarte Vergütung zu bezahlen.

Üblicherweise verlangt der Sender eine Bankbürgschaft für die vom Sender auszuzahlenden Raten. In seltenen Fällen werden etablierten Firmen von den Sendern bankbürgschaftsfreie Vorauszahlungsrahmen eingeräumt. Innerhalb dieses Rahmens müssen diese Firmen dann keine Bankbürgschaften vorlegen. Diese Produktionen müssen dann in der Regel über einen sogenannten Sicherungsschein von einer Filmversicherung abgesichert werden, der den Sender als Begünstigten angibt. So erhält zunächst der Sender im Falle eines Schadens sein Geld zurück.

Achtung: Bei Produktionen, die über einen sehr langen Zeitraum hergestellt werden, können Finanzierungslücken entstehen. Klären Sie dies möglichst im Voraus mit Ihrer Bank, damit diese Lücken überbrückt werden können. Bleiben Sie auch im Krisenfalle immer im Kontakt mit Ihrer Bank und halten diese auf dem Laufenden.

Vergütungsansprüche nach dem Urheberrechtsgesetz

Der Filmhersteller hat nach dem Urheberrechtsgesetz Anspruch auf bestimmte Vergütungsansprüche wie die Verleihtantieme, die Geräte- und Videokassettenabgabe und die Kabelweitersendung. Die Sender stehen auf dem Standpunkt, dass diese Vergütungsansprüche dem Sender zustünden, da dieser die Produktion voll finanzieren würde. Dagegen halten die Dokumentarfilmproduzenten und vor allem die AG DOK: Der Produzent trägt das volle organisatorisch-wirtschaftliche Risiko der Filmherstellung, darum sei der Produzent Filmhersteller im Sinne des

Gesetzes. Daher müssen den Produzenten diese Vergütungen in vollem Umfange zustehen. Die Streitfrage ist bis heute nicht geklärt. Das ZDF nimmt eine hälftige Teilung der Ansprüche zwischen Sender und Produzent vor. Die Privatsender lassen sich die Ansprüche vollständig übertragen.

Beistellungen des Senders

Die Sender stellen gelegentlich Postproduktionsmittel, Personal/Kameraleute, Archivmaterial, selten sogar Autoren/und Regisseure bei. Diese Beistellungen werden zugunsten des Senders in der Kalkulation berücksichtigt.

Rechteübertragung

Der Sender wird dem Vertrag eine umfassende Auflistung aller Rechte beilegen (Eine solche Rechteübertragung finden Sie im Anhang 1).

Beachten Sie dabei, dass Sie sich als Produzent von allen Filmschaffenden oder Rechteinhabern an vorbestehenden Werken, die im Rahmen Ihrer Produktion genutzt werden (etwa Musik, Archivmaterial etc.) die Rechte mindestens in entsprechendem Umfang einräumen lassen. Können Sie bestimmte Rechte nicht oder nur teilweise von den Filmschaffenden oder Rechteinhabern erwerben, muss dies unbedingt mit dem Sender abgestimmt werden.

Falls Sie etwa beabsichtigen, ein Buch zum Film herauszubringen, denken Sie bereits vor Abschluss des Auftragsproduktionsvertrags daran, die entsprechenden Rechte aus der Rechteanlage herauszuhandeln.

Nennung

Üblicherweise werden Sie als Produzent genannt wie folgt: Eine Produktion der *Filmproduktion* im Auftrag von *Sender*.

Beachten Sie, dass Sie alle in Ihren Verträgen vereinbarten Nennungsverpflichtungen (etwa mit dem Autor oder Regisseur) an den Sender weitergeben.

Kündigung

Die Sender versuchen meist zu vereinbaren, dass sie jederzeit kündigen können und der Produzent dann nur Anspruch auf die Vergütung hat, die bis zum Zeitpunkt der Kündigung angefallen ist.

Diese Regelung ist für Sie aber ungünstig. Versuchen Sie, anstelle des Vorschlags des Senders die gesetzliche Regelung zur Kündigung von Werkverträgen aufzunehmen (diese findet sich in § 649 BGB). Denn die gesetzliche Regelung besagt, dass Sie die gesamte vereinbarte Vergütung erhalten müssen, abzüglich der ersparten Aufwendungen.

Schlussbestimmungen
Nehmen Sie in jeden Vertrag die Schlussbestimmungen auf. Ein Beispiel finden Sie im Anhang 2.

Vorsicht: Beginnen Sie Ihre Produktion erst dann, wenn Sie den vom Sender unterzeichneten Vertrag erhalten haben. Verlassen Sie sich nicht auf mündliche oder schriftliche Zusagen von Redakteuren, dass der Vertrag schon noch kommen werde. Denn die Zusage eines Redakteurs hat keine Rechtswirkung. In der Praxis ist dies häufig nicht durchführbar, da die Sender die Verträge nicht rechtzeitig ausfertigen bzw. sehr lange über die vom Produzenten gewünschten Änderungen verhandelt wird.

Was passieren kann, wenn Sie ohne unterzeichneten Vertrag mit Ihrer Produktion beginnen, zeigt der folgende Fall:

> Das Oberlandesgericht Köln (AZ: 15 U 170/95) hatte im Jahre 1995 einen solchen Fall zu entscheiden. Der Produzent hatte unter Zustimmung des Redakteurs aber ohne schriftlichen Vertrag mit der Produktion begonnen und ca. 1,25 Millionen Euro für die Vorbereitung ausgegeben. Dann kam die Absage vom Sender. Die Klage des Produzenten auf Erstattung des Betrags gegen den Sender blieb ohne Erfolg. Die Filmproduktionsfirma hätte wissen müssen, dass ein Redakteur nicht berechtigt ist, verbindliche Zusagen für den Sender zu machen, so die Richter.

Wenn Sie aufgrund der Zusage eines Redakteurs und ohne unterzeichneten Vertrag mit der Produktion beginnen, haben Sie keinerlei Sicherheit, ob die Produktion durch den Sender tatsächlich beauftragt wird und ob Sie im Falle der Absage ihr bereits investiertes Geld zurückerhalten.

Die unechte Auftragsproduktion
Bei einer sogenannten unechten Auftragsproduktion wird die unternehmerische Verantwortung dem Auftraggeber zugewiesen. Dieser trägt dann die vollen Kosten und das wirtschaftliche Risiko für die Filmproduktion. Solche unechte Auftragsproduktionen kommen in der Werbefilmproduktion sowie in der Industriefilmproduktion vor.

2. Koproduktion

Neben der Auftragsproduktion spielt die Koproduktion eine wichtige Rolle bei der Produktion von Dokumentarfilmen. Die Konstellationen einer Koproduktion können höchst unterschiedlich sein. Es kann sich zum Beispiel um eine Koproduktion mit einem Fernsehsender handeln. So werden Dokumentarfilme für das Kino häufig im Rahmen von Gemeinschaftsproduktionen mit Sendern nach dem Film-/Fernsehabkommen hergestellt. Oder es können mehrere Produktionsfirmen mit einem Fernsehsender kooperieren. Auch werden häufig Koproduktionen mit ausländischen Produzenten und Sendern realisiert.

Die folgenden Ausführungen können daher nicht abschließend sein. Sie betreffen die wichtigsten Punkte, die üblicherweise geregelt werden müssen.

Der Koproduktionsvertrag

Die Präambel
In der Präambel sollte der Stand des Projekts möglichst detailliert beschrieben werden. Dabei sollten Sie aufnehmen, welcher Vertragspartner was geleistet hat. Wer hat Gelder akquiriert, wer hat welchen Sender für das Projekt gewinnen können, welche Fördermittel wurden bereits beantragt bzw. zugesprochen etc.

Vertragsgegenstand
Im Koproduktionsvertrag ist der herzustellende Film möglichst konkret festzulegen. Vor Abschluss des Vertrags sollten die Koproduktionspartner das Konzept/ Drehbuch gemeinsam abgenommen haben. Es sollte Einigkeit über den Regisseur und die Protagonisten, den Titel, die Länge, die Drehorte, die Drehzeit und das Budget getroffen worden sein.

Die ausführende Filmproduktion
Einer der Koproduktionspartner wird in der Regel ausführender Produzent. Diesem obliegt die eigentliche Herstellung des Films. In der Regel schließt er die Verträge mit den Filmschaffenden und weiteren Beteiligten ab und erwirbt in diesem Zusammenhang alle erforderlichen Rechte (die er in der Regel auf die Koproduktionsgemeinschaft überträgt), er stellt den Drehplan auf und führt die Preproduktion, die Dreharbeiten und die Postproduktion durch. Alle Aufgaben, die der ausführende Produzent zu übernehmen hat, sollten möglichst konkret aufgelistet werden. Soweit der ausführende Produzent eine Garantie für die Fertigstellung des Films übernimmt, ist auch dies unbedingt im Vertrag aufzunehmen. Bei internationalen Koproduktionen organisiert und verantwortet oft auch ein anderer der Koproduzenten die Teile der Produktion, die in seinem Heimatland gedreht werden.

Weiterhin ist in einem Finanzbedarfsplan (synonym wird häufig Cash-Flow-Plan verwendet) genau zu bestimmen, wann welche Gelder benötigt werden und an den ausführenden Produzenten fließen sollen. Günstig für den ausführenden Produzenten wäre die Vereinbarung, dass die erste Rate bereits bei Abschluss des Koproduktionsvertrags bezahlt wird. Da mit der Akquisition von Geldern oft erst nach Abschluss des Koproduktionsvertrages begonnen wird, ist dies häufig nicht realisierbar.

Anders ist dies bei Koproduktionen mit einem Sender. Dieser zahlt in der Regel die erste Rate bei Vertragsschluss, will jedoch eine Bürgschaft, falls kein bürgschaftsfreier Rahmen mit dem betroffenen Produzenten besteht. Weitere Raten können etwa bei Drehende, Rohschnittabnahme, Einlagerung Kopierwerk bzw. bei Lieferung fließen.

Günstig für den ausführenden Produzenten wäre eine Absicherung der vereinbarten Zahlungen, etwa in der Form, dass das Geld auf einem Konto hinterlegt bzw. eine Bankbürgschaft für das Geld beigebracht wird. Dies ist den anderen Koproduktionspartnern gegenüber häufig schwer durchsetzbar.

Achtung: Bei Produktionen, die über einen sehr langen Zeitraum hergestellt werden, können Finanzierungslücken entstehen. Klären Sie dies möglichst im Voraus mit Ihrer Bank, damit diese Lücken überbrückt werden können. Bleiben Sie auch im Krisenfalle immer im Kontakt mit Ihrer Bank und halten diese auf dem Laufenden.

Form der Zusammenarbeit

Hier sollte festgelegt werden, wie Entscheidungen zu treffen sind. Wichtig ist dabei, dass allen Koproduktionspartnern bestimmte Mitspracherechte zustehen, da es sonst Probleme bei der steuerlichen Bewertung als »Mitunternehmer« geben könnte. Klären Sie dies mit Ihrem Steuerberater.

Häufig versuchen die Koproduktionspartner maßgebliche Entscheidungen einvernehmlich zu treffen. Kommt eine einvernehmliche Entscheidung nicht zustande, muss im Vertrag geregelt werden, wem im Hinblick auf welche Entscheidung das Letztentscheidungsrecht zusteht.

Damit alle Koproduktionspartner regelmäßig Informationen über den Stand des Projektes erhalten, sollten feste Termine vereinbart werden, an denen die Koproduktionspartner alle Vorgänge, die das Projekt betreffen, insbesondere die Kostenstände, Drehpläne, Statusberichte zur Kenntnisnahme erhalten.

Budget/ Kalkulation

Dem Vertrag sollte das zwischen den Koproduktionspartnern verbindlich festgelegte Budget sowie der Finanzierungsplan beigelegt werden. Aus dem Finanzierungsplan ergeben sich die jeweiligen Beiträge der Koproduktionspartner. Auch wird üblicherweise der Finanzbedarfsplan beigelegt, der festhält, wann welche Gelder im Rahmen des Fortschritts der Produktion benötigt werden und wann sie zufließen müssen.

Weiterhin sollte die Kalkulation dem Vertrag als verbindlicher Vertragsbestandteil beigelegt werden. Die Kalkulation sollte eine Überschreitungsreserve enthalten. Die Förderanstalten akzeptieren dabei bis zu 8%. Eine Überschreitung der Kalkulation sollte nur nach vorheriger Einwilligung durch alle Koproduktionspartner möglich sein. In der Praxis werden gelegentlich verschiedene Kalkulationen für unterschiedliche Finanzierungspartner oder Förderer angefertigt, da unterschiedliche Anforderungen erfüllt werden müssen.

Bei internationalen Koproduktionen ist unbedingt an schwankende Wechselkurse zu denken. Legen Sie die Umrechnungskurse daher am besten im Vertrag fest.

Die Koproduktionspartner müssen das Recht erhalten, durch einen Steuerberater oder Wirtschaftsprüfer Einsicht in die Abrechnung, die die ausführende Filmproduktion erstellt, zu erhalten. Dabei wird meist vereinbart, dass im Falle von Abweichungen zu Ungunsten der anderen Koproduktionspartner von mehr als 2%, die ausführende Produktion die Prüfung durch den Steuerberater oder Wirtschaftsprüfer zu bezahlen hat. Und selbstverständlich muss sie den Fehler in der Abrechnung korrigieren und die entsprechende Summe dem oder den betroffenen Koproduktionspartner/n auszahlen.

Überschreitungen

Der Koproduktionsvertrag sollte unbedingt eine Regelung enthalten, wer mögliche Überschreitungen trägt. Hier bietet sich an zu vereinbaren, dass der Koproduzent, der Überschreitungen schuldhaft verursacht hat, diese auch tragen muss. Entstehen Überschreitungen nach vorheriger einvernehmlicher Absprache zwischen allen Koproduzenten, so sollten diese entsprechend ihres Finanzierungsbeitrags dafür einstehen. Dementsprechend ist auch zu regeln, wie solche Überschreitungen zurückgeführt werden.

Unterschreitung

Nach den Richtlinien der deutschen Filmförderungen werden die Fördermittel entsprechend gekürzt, wenn es zu Unterschreitungen kommt.

Die Beträge, die nicht aufgebraucht wurden, werden üblicherweise unter den Koproduzenten aufgeteilt. Dabei kann dem ausführenden Koproduzenten ein Bonus zugeteilt werden.

Aufteilung der Handlungskosten und des Produzentenhonorars
Die kalkulierten Handlungskosten sowie das kalkulierte Produzentenhonorar
sollte den Leistungen der einzelnen Koproduktionspartner entsprechend verteilt
werden.

Aufteilung der Erlöse
Zunächst ist zu klären, welche Geldeingänge Bestandteile des Budgets sind. Nur
die Eingänge, die nicht Bestandteile des Finanzierungsplans sind oder der vereinbarten Überschreitungsdeckung dienen, sind aufzuteilende Erlöse.
  Es gibt verschiedene Möglichkeiten, die Erlöse aufzuteilen.
- Häufig werden die Auswertungsrechte nach Gebieten oder Auswertungsarten
  aufgeteilt und die Erlöse aus den jeweiligen Gebieten oder Auswertungsarten stehen dann dem jeweiligen Rechteinhaber zu. Zusätzlich kann vereinbart werden,
  dass nach Deckung des Finanzierungsanteils des betroffenen Rechteinhabers in
  seinem Gebiet andere Koproduzenten entsprechend ihres Finanzierungsanteils
  an den Erlösen aus dem Gebiet des Rechteinhabers beteiligt werden.
- Möglich ist aber auch, dass die Koproduktionspartner in einem bestimmten
  Verhältnis an den gesamten Erlösen beteiligt werden.

Vorsicht: Beachten Sie bei den Erlösaufteilungen immer die Rückführungsbedin-
gungen der Förderungen. Denn diese haben oft Vorrang.
  Falls die Koproduzenten oder andere Filmschaffende Honorare zurückgestellt
haben, wird üblicherweise vereinbart, dass diese Rückstellungen bezahlt werden,
bevor die Erlösbeteiligung greift.
  Wichtig ist auch Folgendes: Falls Sie bestimmten Filmschaffenden – etwa dem
Autor/Regisseur – einen Beteiligungsanspruch zugesichert haben, müssen Sie
dies unbedingt im Koproduktionsvertrag aufnehmen, da dem Autor/Regisseur
dann ja ein Beteiligungsanspruch an den gesamten Erlösen und nicht nur an den
Erlösen von einem der Koproduzenten zusteht.
  Erstellen Sie am besten einen ausführlichen Rückfluss- und Gewinnverteil-
lungsplan. In diesem Plan sollte genau aufgelistet sein, wer wann Zahlungen erhält. Zu berücksichtigen sind dabei alle Beteiligten, also die Koproduktionspartner, Filmförderungen, Banken, Filmschaffende, mit denen Erlösbeteiligungen
vereinbart wurden, etc.

Bei Koproduktionen mit einem Fernsehsender
Wiederholungsvergütungen: Gelungene Dokumentationen werden häufig wiederholt. Es könnte daher günstig für Sie sein, einen Vertrag auf Wiederholungsbasis

zu schließen. Dann würde der Koproduktionsbeitrag des Senders eine bestimmte, festgelegte Anzahl von Ausstrahlungen umfassen und jede weitere würde gesondert vergütet. Je geringer die Senderbeteiligung an der Koproduktion ist, desto besser ist Ihre diesbezügliche Verhandlungsbasis.

Festivals

Legen Sie bereits im Koproduktionsvertrag fest, wer die Festivaleinreichungen vornimmt und welche Gelder von wem für die Teilnahme an Festivals bereitgestellt werden.

Preise und Referenzgelder

Legen Sie fest, wem Preise und Referenzgelder zustehen sollen.

Material/Einlagerung

Klären Sie bereits vor Abschluss des Koproduktionsvertrags, welche Fassungen (zum Beispiel welche Sprachfassungen, in welcher Länge) hergestellt werden sollen. Soweit Sie einen Weltvertriebsvertrag bereits im Vorfeld der Produktion gewinnen konnten, stimmen Sie mit diesem die erforderlichen Fassungen ab.

Bei Kinoproduktionen wird das Material üblicherweise in einem Kopierwerk auf den Namen der Koproduzenten eingelagert. Im Vertrag sollte geregelt sein, wer wann Zugriff nehmen kann (sogenannte Ziehungsberechtigung oder Lab Access Letter).

Nennung

Regeln Sie konkret, wer an welcher Stelle im Film und auf Werbemitteln zum Film in welcher Größe genannt wird.

Kündigung des Vertrags

Wenn einer der Koproduktionspartner Verpflichtungen aus dem Vertrag nicht erfüllt, muss es für die anderen Partner eine Möglichkeit geben, dem Vertragsverletzer zu kündigen. Im Vorfeld der Kündigung muss der Verletzer unter Fristsetzung aufgefordert werden, seiner Verpflichtung vertragsgemäß nachzukommen.

Hilft dies nicht, so sollte geregelt sein, dass die anderen Koproduktionspartner die Produktion ohne den Vertragsverletzer weiterführen können. Dem ausscheidenden Koproduzenten sind die von ihm geleisteten Beiträge zurückzuzahlen unter Abzug des Schadens, der den anderen Koproduktionspartnern durch die Vertragsverletzungen entstanden ist.

Insolvenz

Für den Fall, dass einer der Koproduktionspartner in die Insolvenz gerät, ist zu regeln, dass die übrigen Koproduktionspartner die Produktion ohne den insolventen Partner weiterführen. Der insolvente Partner soll dann Anspruch auf Erstattung seines geleisteten Koproduktionsanteils haben – und zwar nach Rückführung der Herstellungskosten des Films einschließlich der durch das Ausscheiden des insolventen Partners verursachten Mehrkosten.

Kein einstweiliger Rechtsschutz

Sie können vereinbaren, dass keiner der Koproduktionspartner einstweiligen Rechtsschutz (insbesondere eine einstweilige Verfügung) beantragen darf. Der normale Klageweg (das Hauptsacheverfahren) wird davon nicht berührt.

GbR

Die Koproduktion bewirkt nach deutschem Recht, dass Sie automatisch eine Gesellschaft bürgerlichen Rechts (GbR) mit den anderen Vertragspartnern bilden. Beachten Sie dabei, dass jeder der Gesellschafter im Außenverhältnis für alle Schulden der GbR haftet.

In seltenen Fällen, bei großen Projekten, die als Handelsgewerbe zu qualifizieren sind, kann auch eine OHG vorliegen.

In den Koproduktionsverträgen wird meist festgelegt, dass sich die Koproduktion nach der Herstellung der Nullkopie wieder auflöst. Da diesbezüglich auch steuerliche Aspekte eine große Rolle spielen, sollten Sie sich dazu von einem in Filmfragen versierten Steuerberater beraten lassen.

Nehmen Sie auch hier die **Schlussbestimmungen** auf. Ein Beispiel finden Sie im Anhang 2.

Anlagen zum Vertrag

Hängen Sie dem Vertrag alle wichtigen Unterlagen an, insbesondere die Kalkulation, das Budget, den Finanzbedarfsplan (auch Cashflowplan genannt), Verträge mit Fernsehsendern, Förderanträge und Förderzusagen, Verträge mit den wichtigsten Mitarbeitern, Protagonisten, Presales-Verträge.

3. Verträge mit dem Autor und dem Regisseur

Im Dokumentarfilmbereich sind Autor des Konzepts und Regisseur häufig ein und dieselbe Person. Dennoch werden der Übersichtlichkeit wegen beide Verträge – der Autorenvertrag und der Regievertrag – im Folgenden gesondert behandelt.

Der Autorenvertrag

In der Regel wird zunächst ein Exposee zum Thema verfasst. Das Exposee umfasst üblicherweise zwischen einer und zehn Seiten, je nach Länge der späteren Dokumentation. Auf Grundlage des Exposees wird sodann das Konzept (auch Treatment genannt) erstellt. Gelegentlich wird auch ein Drehbuch erstellt, aber eher dann, wenn fiktionale Elemente hinzukommen.

Vertragsgegenstand

Unter der Überschrift »Vertragsgegenstand« wird aufgenommen, was der Autor zu leisten hat, üblicherweise die Erstellung des Exposees und des Konzepts und gegebenenfalls des Drehbuchs. Es werden der Arbeitstitel, die vorgesehene Länge, die Drehorte aufgenommen und wer die Idee hatte. Dabei ist das Exposee/Konzept nach den Maßgaben zu erstellen, die zwischen Filmproduktion und Autor vorbesprochen wurden. In der Regel wird auch vereinbart, dass die Produktion Änderungswünsche äußern kann und der Autor verpflichtet ist, diese vorzunehmen.

Abgabe und Abnahme

Nehmen Sie hier die Ablieferungstermine der einzelnen Fassungen auf. Falls dies noch nicht möglich ist, werden die Ablieferungstermine in jeweiliger Absprache mit dem Autor festgelegt.

Wichtig ist auch, dass Sie festlegen, wie viele Fassungen der Autor zu erstellen hat. Sie können eine konkrete Zahl aufnehmen oder aber vereinbaren, dass der Autor Änderungswünsche solange vorzunehmen hat, bis das Exposee/Konzept abgenommen werden kann.

Üblicherweise ist die Filmproduktion hinsichtlich der Beurteilung der Abnahmefähigkeit frei.

Zum Schutz des Autors kann hier aufgenommen werden, dass das Konzept als abgenommen gilt, wenn bis drei Monate nach Abgabe keine Abnahme durch die Filmproduktion erklärt oder keine Änderungswünsche verlangt wurden.

Da es eine Gerichtsentscheidung gibt, die besagt, dass die Weitergabe des Konzepts durch die Filmproduktion an Dritte (etwa Fernsehsender oder Koproduktionspartner etc.) als Abnahme gilt, wenn nichts anderes vereinbart ist, sollten Sie hierzu etwas vereinbaren, wenn Sie diese Rechtsfolge ausschließen möchten.

Honorar

Hier ist klarzustellen, dass das Honorar eine Abgeltung für sämtliche Tätigkeiten des Autors im Rahmen der Entwicklung des Exposee/Konzepts sowie für die Rechteübertragung darstellt.

Bei bestimmten öffentlich-rechtlichen Sendeanstalten ist die Vereinbarung von Wiederholungshonoraren möglich. Dies kann für den Autor erhebliche Vorteile bringen. Zwar ist die Grundvergütung dann niedriger als beim Buy-out, jedoch besteht die Chance, über Jahrzehnte hinweg Wiederholungshonorare zu erhalten, wenn der Film beim Publikum gut ankommt und daher häufig wiederholt wird.

Üblicherweise wird die Vergütung in drei Raten bezahlt.
- Eine Rate bei Vertragsabschluss
- Eine Rate bei Ablieferung des Konzepts
- Eine Rate bei Abnahme

Wird das Konzept nicht abgenommen, so behält der Autor die ihm bis zu diesem Zeitpunkt zugeflossenen Ratenzahlungen. Die Filmproduktion wird versuchen zu vereinbaren, dass sie in diesem Fall berechtigt ist, andere Autoren mit der Erstellung des Konzepts zu beauftragen.

Rechteeinräumung

Der Autor hat dem Produzenten die Verfilmungs- und Nutzungsrechte (ein Beispiel für eine aktuelle Rechteübertragung finden Sie im Anhang 1) am Exposee bzw. Konzept exklusiv sowie zeitlich, örtlich und inhaltlich unbegrenzt mit Abschluss des Autorenvertrags, spätestens jedoch mit ihrer Entstehung zu übertragen. Die Filmproduktion ist berechtigt, die übertragenen Rechte ganz oder teilweise auf Dritte – auch als einfache Nutzungsrechte – zu übertragen.

Rechtegarantie

Der Autor garantiert dem Produzenten üblicherweise, dass an dem Konzept und an den Vorarbeiten hierzu ohne das Wissen der Filmproduktion kein Dritter mitgearbeitet hat. Der Autor garantiert, dass für das Konzept keine urheberrechtlich geschützten Werke Dritter verwendet wurden und keine Rechte Dritter verletzt werden.

Achtung: Falls in Ihrem Exposee oder Konzept real exisitierende Personen, Firmen oder andere Institutionen vorkommen, sind möglicherweise Persönlichkeitsrechte tangiert. Dies muss im Vorfeld sachkundig geklärt werden. Auch muss im Autorenvertrag geregelt werden, wer diese Prüfungen vornehmen lässt und wer die Verantwortung für mögliche Rechtsverletzungen trägt.

Verschwiegenheit

Meist wird vereinbart, dass beide Parteien über den Inhalt des Vertrags und den Inhalt des Exposees/Konzepts gegenüber Dritten bis zur Veröffentlichung striktes Stillschweigen bewahren.

Rückrufsrecht

Wird das Konzept des Autors nicht innerhalb von zwei Jahren verfilmt, hat der Autor nach dem Urheberrechtsgesetz die Möglichkeit, seine Rechte zurückzurufen. Die Frist kann durch eine vertragliche Regelung auf bis zu fünf Jahre verlängert werden.

Für Produzenten kann dieses Rückrufsrecht äußerst unangenehm werden. Hier ein Fall, in dem es zwar nicht um ein Konzept für einen Dokumentarfilm, sondern um einen zu verfilmenden Roman ging.

200.000 Euro im Sand – Folgen eines Rechterückrufs

Wer ein vorbestehendes Werk – egal, ob es sich um ein schutzfähiges Konzept für einen Dokumentarfilm oder einen Roman oder ein Sachbuch handelt – verfilmen will, muss die Verfilmungsrechte daran erwerben, soweit er nicht nur tatsächliches Geschehen, sondern auch die Struktur des vorbestehenden Buchs oder fiktive Elemente daraus übernehmen möchte. Dies ist jedem Produzenten bekannt. Weniger bekannt ist, dass der Autor seine Rechte zurückrufen kann, falls der Produzent nicht innerhalb einer bestimmten Zeit mit der Realisation der Produktion beginnt. Genau dies ist einer Produktionsfirma passiert, nachdem sie laut eigenen Angaben bereits 200.000 Euro in das Projekt investiert hatte. Die Sache landete zunächst vor dem Landgericht München I (AZ: 7 O 11550/06) und dann vor dem Oberlandesgericht München (AZ: 29 U 3559/07)

Der Autor und spätere Kläger hat den hier betroffenen Roman in den 70er-Jahren verfasst. Das Buch ist sein erfolgreichstes Werk. Im Jahr 1978 schloss er einen Verlagsvertrag mit der Verlagsgruppe Z & Y. Mit diesem Vertrag räumte der Schriftsteller dem Verlag zur Vermittlung und Verwertung unter anderem folgende Rechte ein: »Das Recht zur Verfilmung einschließlich der Rechte zur Bearbeitung als Drehbuch und zur Vorführung des so hergestellten Films.«

1998 optionierte eine Produktionsfirma den Stoff und erwarb Ende des Jahres 2000 schließlich die Weltverfilmungsrechte vom Verlag. Doch die Jahre vergingen und das Buch wurde nicht verfilmt. Für solche Fälle hat der Gesetzgeber im Urheberrechtsgesetz eine Regelung geschaffen, die sich »Rückrufsrecht wegen Nichtausübung« nennt und in § 41 geregelt ist. Dort heißt es: »Übt der Inhaber eines ausschließlichen Nutzungsrechts das Recht nicht oder nur unzureichend aus und werden dadurch berechtigte Interessen des Urhebers erheblich verletzt, so kann dieser das Nutzungsrecht zurückrufen. –Der Rückruf kann erst erklärt werden, nachdem der Urheber dem Inhaber des Nutzungsrechts unter Ankündigung des Rückrufs eine angemessene Nachfrist zur zureichenden Ausübung des Nutzungsrechts bestimmt hat. (...) Auf das Rückrufsrecht kann im Voraus nicht verzichtet werden. Seine Ausübung kann im Voraus für mehr als fünf Jahre nicht ausgeschlossen werden.«

Etwa fünf Jahre nach Vertragsabschluss verlor der Schriftsteller, der zu diesem Zeitpunkt fast 80 Jahre alt war, die Geduld. Er ließ über seinen Anwalt am 12. 9. 2005 den Rückruf seiner Rechte erklären und setzte eine Nachfrist bis 15. 3. 2006. Diese Nachfrist muss dem Produzenten nach dem Urheberrechtsgesetz grundsätzlich gewährt werden, als Chance, die Produktion doch noch zu realisieren. Erst nach Ablauf dieser Nachfrist kann ein Rückruf wirksam werden.

Für die Produktionsfirma stellte sich die Sache aber ganz anders dar: Sie habe bereits im Jahre 2000 mit der Produktion begonnen. Unmittelbar vor Drehbeginn habe jedoch die Versicherung die Dreharbeiten abgebrochen. Da die Versicherung unrechtmäßig gehandelt habe, laufe ein Gerichtsverfahren. Die Realisierung der Produktion sei in der Folgezeit weiter vorangetrieben worden. Im Jahr 2002 sei die bis zu diesem Zeitpunkt weit vorangeschrittene Produktionsplanung zum Erliegen gekommen, weil ein Produktionspartner in Insolvenz gefallen sei und die Finanzierungslücke nicht geschlossen werden konnte. Im Jahre 2004 seien Gespräche mit Finanzierungspartnern geführt worden. Es seien mittlerweile mehr als 200.000 Euro an Kosten bezahlt worden. Ein Rückruf der Rechte komme daher nicht infrage.

Der Autor erhob nun Klage vor dem Landgericht München I. Dort trug er vor, dass das Verfilmungsrecht erst dann als ausgeübt anzusehen ist, wenn mit den Dreharbeiten begonnen werde. Reine vorbereitende Maßnahmen würden hierfür nicht genügen.

Dem stimmte das Landgericht München I im Ergebnis zu: Da noch nicht einmal die Finanzierung des Projekt gesichert sei, liege eine ausreichende Ausübung der Nutzungsrechte nicht vor.

Nun berief sich die Produktionsfirma auf ihren Vertrag mit dem Verlag. Dort wurde vereinbart, dass das Rückrufrecht, soweit gesetzlich zulässig, ausgeschlossen wird.

Von diesem Ausschluss jedoch wusste der Schriftsteller nichts. Zu keinem Zeitpunkt hatte er dem Verlag genehmigt, eine solche Klausel mit der Produktionsfirma zu vereinbaren.

Die Richter teilten auch hier die Ansicht des Schriftstellers. Der Verlag konnte ohne Einwilligung des Autors die Verlängerung nicht wirksam vereinbaren. Es verblieb daher bei der Frist von zwei Jahren.

Schließlich prüften die Richter noch die Länge der Nachfrist. Das Landgericht München kam dabei zu dem Schluss, die Frist, die etwas mehr als sechs Monate betragen hatte, sei zu kurz. Das Landgericht wies die Klage daher ab. Der Schriftsteller war damit nicht einverstanden. Er ging in die zweite Instanz vor das Oberlandesgericht München. Dort erhielt er Recht. Als Begründung führten die Richter an, dass der Produzent bereits seit Optionierung im Jahre 1998 die Chance hatte, das Projekt zu realisieren. Unter Berücksichtigung dieser Umstände sei die Nachfrist angemessen. Die Rechte sind damit an den Schriftsteller zurückgefallen.

Wie aber hätte der Produzent dieses Dilemma verhindern können?
Hier gibt es folgende Möglichkeit: Vereinbaren Sie eine möglichst lange Optionsfrist, am besten mit mehreren Verlängerungsmöglichkeiten. Gegebenenfalls ist während der Optionsfrist dann bereits abzusehen, ob die Produktion tatsächlich finanzierbar ist. Sobald die Dreharbeiten begonnen haben, ist ein Rückruf nicht mehr möglich.

Ausschluss einer Produktionsverpflichtung
Die Filmproduktion nimmt üblicherweise eine Klausel auf, nach der sie nicht zur Verfilmung und Verwertung des Konzepts verpflichtet ist.

Verzicht auf einstweiligen Rechtsschutz
Der Autor verzichtet in der Regel auf das Recht, gegen die Auswertung des Films im Wege der einstweiligen Verfügung vorzugehen. Die Ansprüche auf eine Unterlassungs- und Schadensersatzklage bleiben ihm unbenommen.

Nennung
Bei Fernsehproduktionen hat der betroffene Sender das Entscheidungsrecht über die Nennung. Dennoch kann vereinbart werden, dass der Produzent dem Sender eine bestimmte Nennung vorschlägt. Bei Kinofilmen kann die Nennung verbindlich im Vertrag vereinbart werden. Sie kann etwa lauten:
Unter der Voraussetzung vertragsgemäßer Erbringung und Verwendung seiner Leistungen bei der Verwirklichung und Auswertung der Produktion hat der Autor

das Recht auf Nennung im Vor- und/oder Nachspann der Produktion im Einzeltitel sowie in allen Werbematerialien zum Film in folgender Form:
Konzept (bzw. Drehbuch) : *Name des Autors*

Schlussvereinbarungen

Ein Beispiel für die Schlussvereinbarungen finden Sie im Anhang 2.

Der Regievertrag

Vertragsgegenstand

Unter der Überschrift Vertragsgegenstand werden der Arbeitstitel der Produktion, die Länge, das Genre und die Drehorte aufgenommen und dass der Regisseur die Regie bei dem Film übernehmen wird.

Vertragszeit

Im Hinblick auf die Vertragszeit werden üblicherweise der Beginn und ein voraussichtliches Ende festgesetzt, wobei das tatsächliche Ende erst mit der inhaltlichen und technischen Abnahme der Produktion eintritt, ohne dass es einer gesonderten Kündigung oder Mitteilung bedarf. Der Vertragszeitraum umfasst Vorbereitungsarbeiten, Drehzeit sowie Postproduktion, insbesondere Schnittarbeit und Mischung. In diesem Zeitraum, gegebenenfalls auch später, erfolgt die Ausmusterung und Digitalisierung des Materials. Schließlich werden der voraussichtliche Zeitpunkt der Rohschnittabnahme sowie der voraussichtliche Zeitpunkt der Feinschnittabnahme im Vertrag aufgenommen. Weiterhin sollte vereinbart werden, dass die Vertragszeit und die Drehzeit in einvernehmlicher Absprache mit dem Regisseur verschoben werden können. Der Regisseur sollte dem Produzenten mögliche Anschlussengagements und deren Termine für einen Zeitraum von vier Wochen nach dem voraussichtlichen Vertragsende bekannt geben.

Vertragspflichten

Hier ist aufzunehmen, dass der Regisseur die künstlerische Verantwortung für die Herstellung der Produktion trägt. In der Regel wird vereinbart, dass der Regisseur im Rahmen seiner Regietätigkeit Anregungen, Hinweise und Wünsche des Produzenten im Hinblick auf die künstlerische Umsetzung berücksichtigt. (Den Final Cut hat üblicherweise der Produzent). Sicherheitshalber sollte auch aufgenommen werden, dass dem Regisseur bekannt ist, dass den gestalterischen Grundentscheidungen für die Produktion gegebenenfalls der Sender oder andere Partner zustimmen müssen und er diese zu berücksichtigen hat. Bei Meinungsverschiedenheiten in künstlerischer Hinsicht werden sich die Parteien um eine einvernehmliche und gütliche Einigung bemühen. Das Letztentscheidungsrecht steht jedoch der Produktion zu.

Üblicherweise wird auch geregelt, dass der Regisseur bei der Durchführung seiner vertraglich vereinbarten Tätigkeit an das abgenommene und der Produktion zugrunde gelegte Konzept gebunden ist. Abweichungen bedürfen der vorherigen Zustimmung des Produzenten. Unwesentliche Änderungen sind nicht abstimmungspflichtig.

Das Aufgabenfeld des Regisseurs umfasst insbesondere (jedoch nicht abschließend) folgende Tätigkeiten:

- Vorbereitung der Produktion, insbesondere Mitarbeit bei der Erstellung des Drehplans;
- Einrichtung des Konzepts (gegebenenfalls szenische Auflösung sowie Analyse des Szenenaufwands);
- Motivsuche in Abstimmung mit der Produktion;
- Führung der Protagonisten einschließlich Interviews, Gespräche etc., Durchführung der Dreharbeiten sowie Ausmustern des Materials;
- Koordination und Zusammenschnitt des für die Produktion verwendeten Archivmaterials. (Der Regisseur hat über das verwendete Fremd- und Archivmaterial eine vollständige Schnittliste mit Timecode an den Produzenten zu liefern);
- Mischung, Leitung des Schnitts sowie Leitung der Postproduktion und aller Endfertigungsarbeiten inklusive eventueller Nachdreharbeiten bis zur endgültigen Fertigstellung der Produktion.

Die organisatorische und technische Durchführung der Produktion einschließlich der Festsetzung der Arbeitszeiten übernimmt der Produzent im Rahmen der vorab mit dem Regisseur abgestimmten und vereinbarten Vertragszeit. Der Regisseur ist verpflichtet, die abgestimmten und vereinbarten wirtschaftlichen und organisatorischen Rahmenbedingungen einzuhalten.

Der Regisseur sollte weiterhin verpflichtet werden, die Produktion über drohende bzw. bevorstehende Abweichungen der vereinbarten Eckdaten unverzüglich zu unterrichten, soweit diese in seinen eigenen Verantwortungsbereich fallen und ihm bekannt sind. Er sollte dann in Abstimmung mit der Produktion alle Maßnahmen (z.B. Umorganisation, Kürzungen, Einsparungen, Vereinfachungen) vornehmen, die erforderlich sind, um die Produktion im Rahmen der genannten Eckdaten, vertragsgemäß durchführen zu können bzw. Abweichungen auf ein Minimum zu reduzieren.

In der Regel wird auch vereinbart, dass der Regisseur das Gebot der Trennung von Werbung und Programm innerhalb seines Aufgabenbereichs beachtet.

Vergütung

Bei bestimmten öffentlich-rechtlichen Sendeanstalten ist auch bei Dokumentationen die Vereinbarung von Wiederholungshonoraren möglich. Dies kann für den Regisseur erhebliche Vorteile bringen. Zwar ist die Grundvergütung dann niedriger als beim Buy-out, jedoch besteht die Chance, über Jahrzehnte hinweg Wiederholungshonorare zu erhalten, wenn der Film beim Publikum gut ankommt und daher häufig wiederholt wird.

Soweit kein Wiederholungshonorar vereinbart wird (inzwischen der Normalfall) ist festzulegen, dass der Regisseur für sämtliche nach diesem Vertrag zu erbringenden Leistungen und der Rechtsübertragung eine bestimmte pauschale Vergütung erhält und dass mit dem vereinbarten Vertragshonorar alle Ansprüche des Regisseurs abgegolten sind.

Dabei ist folgende Ratenzahlung gängig:

- 25% bei Vertragsschluss
- 25% am ersten Drehtag
- 25% am letzten Drehtag
- 25% nach Abnahme

Soweit der Regisseur als freier Mitarbeiter tätig wird, ist folgende Klausel wichtig:

Die letzte Rate kann erst nach Vorlage der BFA-Befreiung sowie des Bescheids des Finanzamts, dass der Regisseur auf selbstständiger Basis tätig wird, gezahlt werden.

Der Regisseur muss weiterhin erklären, ob er steuerrechtlich Inländer ist und ob er die deutsche Staatsangehörigkeit besitzt.

Gelegentlich wird vereinbart, dass der Regisseur eine zusätzliche Vergütung erhält, falls mehr als die vorgesehenen Drehtage anfallen und ihn kein Verschulden am Anfall der zusätzlichen Drehtage trifft. In diesem Fall wird meist eine feste Tagesgage aufgenommen, die für jeden zusätzlichen Drehtag bezahlt wird.

Rechteübertragung

Selbstverständlich muss die umfassende Rechteübertragung (ein Beispiel hierzu finden Sie im Anhang 1) mit dem Regisseur vereinbart werden.

Reisen

Die produktionsbedingten Reisekosten sowie Hotelkosten trägt im Normalfall die Produktion.

Nennung

Bei Fernsehproduktionen hat der betroffene Sender das Entscheidungsrecht über die Nennung. Dennoch kann vereinbart werden, dass der Produzent dem Sender eine bestimmte Nennung vorschlägt.

Bei Kinofilmen kann die Nennung verbindlich im Vertrag vereinbart werden. Sie kann etwa lauten:

Unter der Voraussetzung vertragsgemäßer Erbringung und Verwendung seiner Leistungen bei der Verwirklichung und Auswertung der Produktion hat der Regisseur das Recht auf Nennung im Vor- und/oder Nachspann der Produktion im Einzeltitel sowie in allen Werbematerialien zum Film in folgender Form: Regie: (*Name des Regisseurs*)

Soweit der Regisseur auch Autor des Konzepts ist, kann folgende Nennung gewählt werden: Ein Film von (Name des Regisseurs)

Kündigung

Während der Vertragslaufzeit sollte eine ordentliche Kündigung für Produzent und Regisseur ausgeschlossen sein.

Die Möglichkeit einer außerordentlichen Kündigung kann nicht ausgeschlossen werden. Diese muss laut Gesetz möglich sein. Eine außerordentliche Kündigung setzt jedoch voraus, dass es für einen oder beide Vertragspartner unzumutbar ist, weiter zusammenzuarbeiten. Die Kündigung bedarf zu ihrer Wirksamkeit der Schriftform.

Preise und Prämien

Filmpreise und Prämien sollten jeweils der Vertragspartei zustehen, welcher sie zuerkannt werden.

Schlussbestimmungen

Ein Beispiel für die Schlussvereinbarungen finden Sie im Anhang 2.

Versicherungen

Rechtzeitig vor Beginn Ihrer Produktion sind die Versicherungen für die Produktion abzuschließen. Sie sollten hierfür die Unterstützung eines erfahrenen Filmversicherungsmaklers in Anspruch nehmen und mit diesem Ihr konkretes Filmprojekt mit all seinen Besonderheiten durchsprechen.

Im Folgenden eine Übersicht über die wichtigsten Versicherungen.

Bild-, Ton- und Datenträgerversicherung (früher: Negativversicherung)
Durch die Bild-, Ton- und Datenträgerversicherung werden Schäden am Filmmaterial versichert. Sie können Ihr Vorhaben damit ab Eingang des Rohfilmmaterials bis zu Fertigstellung der 0-Kopie oder auch länger versichern.

Versichert sind alle Beschädigungen des Filmmaterials als Folge von Kamera-, Transport- oder Kopierwerksschäden sowie Schäden bei mechanischem oder elektronischem Schnitt, aber auch Schäden durch Löschen des Materials. Im Versicherungsfall werden das beschädigte bzw. zerstörte Material sowie die Wiederherstellungskosten von der Versicherung ersetzt.

Geräteversicherung
Die Geräteversicherung versichert alle zur Filmherstellung benötigten Geräte (wie Film- und Videogeräte, Lampen etc.) und alle Gegenstände, die in der der Versicherung einzureichenden Wertaufstellung bezeichnet sind, gegen Beschädigung, Vernichtung und Abhandenkommen.

Requisitenversicherung
Die Requisitenversicherung versichert die für die Filmaufnahmen verwendeten eigenen, geliehenen oder gemieteten Requisiten und Ausstattungsgegenstände einschließlich der Studiobauten. Der Schutz besteht insbesondere gegen Beschädigungen, Diebstahl, Vernichtung, Raub oder Unterschlagung der Requisiten.

Produktionshaftpflicht
Soweit Dritte im Rahmen der Filmproduktion zu Schaden kommen, tritt die Haftpflichtversicherung ein. Sie deckt Personen- und Sachschäden. Zu beachten ist aber, dass üblicherweise Schadensfälle an gemieteten beweglichen Gegenständen nicht mitversichert sind.

Personenausfallversicherung

Der Versicherungsschutz ist üblicherweise gegeben, wenn eine der versicherten Personen (etwa Regisseur, Kameramann, Darsteller) durch Krankheit, Unfall oder Tod nicht mehr für die Produktion zur Verfügung steht und der Produktion dadurch zusätzliche Kosten entstehen. Diese Kosten können etwa durch Standtage oder Vertragsverlängerungen entstehen.

Ausfall- bzw. Mehrkostenversicherung durch Sachschaden (Tiere, Gegenstände)

Der Versicherungsschutz besteht zum Beispiel, wenn Atelierbauten, Requisiten, Apparate oder auch lebende Tiere (die nach dem Bürgerlichen Gesetzbuch als Sachen bewertet werden) ausfallen, weil sie durch Brand, Unfall, Diebstahl, Wasser oder böswillige Handlungen etc. beschädigt, zerstört oder abhanden gekommen sind und der Produktion dadurch zusätzliche Kosten entstehen oder die Dreharbeiten abgebrochen werden müssen.

Fertigstellungsgarantie (Completion Bond) – sehr selten bei Dokumentarfilmproduktionen

Mit der Fertigstellungsgarantie garantiert der Versicherer dem jeweils Begünstigten die fristgerechte Fertigstellung und ordnungsgemäße Ablieferung des Films. Dabei stellt der Versicherer bei einer Überschreitung der kalkulierten Herstellungskosten dem Produzenten die Mittel zur Verfügung, die erforderlich sind, um die Produktion fertigzustellen. Alternativ haben die Versicherer das Recht, die Produktion selbst zu übernehmen, um sie – soweit möglich – selbst oder durch einen anderen Produzenten fertigstellen zu lassen. Kommt eine Fertigstellung auf Grund besonderer Umstände nicht mehr infrage, hat der Versicherer die Möglichkeit, die Produktion abzubrechen und die Versicherten auszuzahlen. Die Versicherten bekommen dann das von ihnen eingesetzte Kapital zurück. Voraussetzung einer solchen Versicherung ist aber immer, dass der Produktion die Mittel zur Verfügung stehen, die kalkuliert sind, um den Film unter normalen Umständen fertigzustellen.

Der Fall des Abbruchs kommt allerdings äußerst selten vor. So ist es einmal passiert, dass bei Drehbeginn ein Hauptdarsteller vertragswidrig nicht erschien. Die Rolle konnte nicht anderweitig besetzt werden und damit war es für die Versicherung die sinnvollste und kostengünstigste Variante, das Projekt abzubrechen und die bisherigen Kosten zu erstatten.

Errors & Omissions-Versicherungen – sehr selten bei Dokumentarfilmproduktionen

Der Abschluss einer Errors & Omissions-Versicherung spielt in Deutschland hauptsächlich dann eine Rolle, wenn deutsche Filme im Ausland – vor allem in den USA – vertrieben werden. Die E & O-Versicherung ist eine Mischung aus Rechtsschutz- und Schadensversicherung. Sie versichert den Produzenten und mögliche weitere Versicherte (etwa Verleih, Vertrieb, Drehbuchautoren etc.) vor allem gegen das Risiko, dass durch den Film allgemeine Persönlichkeitsrechte lebender oder verstorbener Personen, Urheberrechte oder Urheberpersönlichkeitsrechte, aber auch, wenn Markenrechte, Namensrechte oder Titelrechte verletzt werden.

Sonstige Versicherungen

Zu den bereits genannten Versicherungen gibt es noch verschiedene andere, die je nach Lage des Einzelfalls sehr wichtig sein können, wie etwa die Unfallversicherung, Feuerversicherung, Bargeld-Versicherung, Regenausfall-Versicherung, Oldtimer-Versicherung, Flugzeug-Versicherung, Tier-Versicherung etc.

Product-Placement

1. Bei Kinoproduktionen

Product-Placement ist bei Kinofilmen grundsätzlich zulässig. Dies hat der Bundesgerichtshof mit seinem Urteil zum Kinofilm »Feuer, Eis und Dynamit« (Fundstelle: AFP 1996, Seiten 59 ff.) klargestellt. Soweit das Product-Placement aber über reine Produktbeistellungen hinausgeht und Zahlungen oder andere geldwerte Leistungen von einigem Gewicht von Unternehmen dafür erbracht werden, dass sie oder ihre Produkte im Film gezeigt werden, verlangt der Bundesgerichtshof einen dementsprechenden einleitenden Hinweis im Vorspann des Films.

2. Bei Fernsehproduktionen

Am 1. April 2010 trat der neue 13. Rundfunkänderungsstaatsvertrag in Kraft. Damit setzte die Bundesrepublik Deutschland mit einer knapp viermonatigen Verspätung die Richtlinie 2007/65/EG über audiovisuelle Mediendienste (AVMD-Richtlinie) um.

Mit der Neuregelung erfolgt zumindest eine teilweise Legalisierung des Product-Placements.

Unter bestimmten Umständen ist Product-Placement – vom Gesetzgeber »Produktplatzierung« genannt – nun erlaubt. Aber: Bevorzugt sind die Privatsender, für die öffentlich-rechtlichen Sender wie etwa ARD und ZDF gelten die Neuregelungen nur dann, wenn es sich nicht um Eigen- und Auftragsproduktionen handelt. In Eigen- und Auftragsproduktionen der öffentlich-rechtlichen Sender bleibt Produktplatzierung weiterhin verboten. Wie bisher dürfen die öffentlich-rechtlichen Sender aber Beistellungen nutzen.

Definiert wird Produktplatzierung als die »gekennzeichnete Erwähnung oder Darstellung von Waren, Dienstleistungen, Namen, Marken, Tätigkeiten eines Herstellers von Waren oder eines Erbringers von Dienstleistungen in Sendungen gegen Entgelt oder eine ähnliche Gegenleistung mit dem Ziel der Absatzförderung. Die kostenlose Bereitstellung von Waren oder Dienstleistungen ist Produktplatzierung, sofern die betreffende Ware oder Dienstleistung von bedeutendem Wert ist.«

Zulässig ist Produktplatzierung

- wenn sie als solche gekennzeichnet ist. Eine Kennzeichnung muss laut Gesetzgeber bei Sendebeginn und -ende sowie bei Fortsetzung einer Sendung nach der Werbeunterbrechung erfolgen. Das Produkt darf dabei unter keinen Umständen zu stark herausgestellt werden und die redaktionelle Verantwortung und Unabhängigkeit hinsichtlich Inhalt und Sendeplatz müssen unbeeinträchtigt bleiben.

und nur

- in Sendungen der »leichten Unterhaltung«,
- in Sportsendungen,
- in Serien,
- in solchen Filmen, die nicht vom Veranstalter selbst oder von einem mit diesem verbundenen Unternehmen produziert oder in Auftrag gegeben wurden.

Um »leichte Unterhaltung« handelt es sich laut Gesetzgeber dann nicht mehr, wenn ein wesentlicher informierender Charakter zu erkennen ist, sowie wenn es sich um Verbraucher- oder Ratgebersendungen handelt. Im privaten Rundfunk soll es sich darüber hinaus auch dann um keine »leichte Unterhaltung« mehr handeln, wenn es sich um Sendungen in Regionalfensterprogrammen und um Sendezeiten unabhängiger Dritter im Rahmen eines Fensterprogramms handelt.

Auch die kostenlose Bereitstellung von Produkten, die in eine Sendung einbezogen werden, ist zulässig, sofern dies nicht im Rahmen von Nachrichten, Sendungen zum politischen Zeitgeschehen, in Ratgeber- und Verbrauchersendungen oder bei der Übertragung von Gottesdiensten geschieht.

Unzulässig ist die Produktplatzierung in

- Kindersendungen,
- Ratgebersendungen,
- Magazinsendungen, wenn diese nicht dem Bereich der leichten Unterhaltung zuzuordnen sind,
- Nachrichtensendungen,
- sowie im Hinblick auf Zigaretten, Arzneimittel und medizinische Behandlungen.

Weiterhin verboten bleibt die Schleichwerbung. Schleichwerbung ist die »Erwähnung oder Darstellung von Waren, Dienstleistungen, Namen, Marken, Tätigkeiten eines Herstellers von Waren oder eines Erbringers von Dienstleistungen in Sendungen, die vom Veranstalter absichtlich zu Werbezwecken vorgesehen ist und mangels Kennzeichnung die Allgemeinheit hinsichtlich des eigentlichen Zwecks dieser Erwähnung oder Darstellung irreführen kann. Eine Erwähnung oder Darstellung gilt insbesondere dann als zu Werbezwecken beabsichtigt, wenn sie gegen Entgelt oder ähnliche Gegenleistung erfolgt.«

Die maßgeblichen Merkmale von Schleichwerbung sind also:

- ein Produkt wird absichtlich zu Werbezwecken platziert;
- der Fernsehzuschauer kann dies nicht erkennen, da es nicht als Produktplatzierung gekennzeichnet ist.

Die Rechte am hergestellten Film

1. Die Urheberrechte am Film

Alle Personen, die schöpferisch an der Herstellung des Films beteiligt sind, sind Miturheber des Films. Hierzu gehören etwa der Regisseur, der Kameramann, gegebenenfalls der Cutter und der Tonmeister.

Autoren, Filmarchitekten, Filmausstatter, Dekorateure, Kostümbildner und Choreografen sind grundsätzlich nicht Urheber des Filmwerks, sondern können Urheber vorbestehender Werke sein, da deren Leistungsergebnis gesondert vom Filmwerk verwertet werden kann. Soweit der Filmkomponist die Filmmusik nicht eigens für den Film geschaffen hat, ist auch dieser nicht Miturheber des Films. Etwas anderes gilt, wenn er die Filmmusik eigens für den Film und in genauer Abstimmung mit den einzelnen Szenen komponiert hat. Dann ist auch er Miturheber am Filmwerk. Diese Unterscheidung spielt in der Praxis jedoch keine Rolle.

Die Filmurheber bzw. die Urheber vorbestehender Werke übertragen die zur Filmherstellung und Filmauswertung erforderlichen Nutzungsrechte auf den Produzenten.

Das Urheberrecht am Filmwerk erlischt 70 Jahre nach dem Tod des Längstlebenden der folgenden vier Personen: Hauptregisseur, Urheber des Drehbuchs, Urheber der Dialoge, Komponist der für das betreffende Filmwerk komponierten Musik. So regelt es § 65 Absatz 2 Urheberrechtsgesetz.

2. Die Leistungsschutzrechte am Film

Das Leistungsschutzrecht des Produzenten

Der Produzent des Films hat ein sogenanntes Leistungsschutzrecht am Filmwerk. Filmproduzent ist dabei derjenige, der die erste Bildfolgenfixierung vornimmt und die wirtschaftlich-organisatorische Verantwortung für die Filmherstellung trägt. Es kann sich um eine natürliche oder juristische Person (also etwa eine Firma), handeln.

Nach dem Urheberrechtsgesetz (dort § 94 Abs. 1 UrhG) hat der Filmhersteller das ausschließliche Recht, den Bildträger oder Bild- und Tonträger, auf dem das Filmwerk aufgenommen ist, zu vervielfältigen, zu verbreiten und zur öffentlichen Vorführung oder Funksendung zu benutzen. Der Filmhersteller hat auch das Recht, jede Entstellung oder Kürzung des Bildträgers oder Bild- und Tonträgers zu verbieten, die geeignet ist, seine berechtigten Interessen an diesen zu gefährden.

Abs. 3 diese Paragrafen lautet: »Das Recht erlischt 50 Jahre nach dem Erscheinen des Bildträgers oder Bild- und Tonträgers oder, wenn seine erste erlaubte Benutzung zur öffentlichen Wiedergabe früher erfolgt ist, nach dieser, jedoch bereits 50 Jahre nach der Herstellung, wenn der Bildträger oder Bild- und Tonträger innerhalb dieser Frist nicht erschienen oder erlaubterweise zur öffentlichen Wiedergabe benutzt worden ist.«

Bitte beachten Sie dabei, dass dies nichts mit den Rechten der Urheber, also etwa des Autors oder des Regisseurs zu tun hat. Die Urheberberechtigten haben die erforderlichen Nutzungsrechte zu diesem Zeitpunkt üblicherweise bereits auf den Filmhersteller übertragen, sodass der Filmhersteller über diese Nutzungsrechte gemeinsam mit seinem eigenen Leistungsschutzrecht verfügen kann.

Das Leistungsschutzrecht der ausübenden Künstler
Leistungsschutzrechte haben auch die ausübenden Künstler, also etwa Schauspieler, Tänzer, Synchronsprecher, Stuntmen und alle weiteren Filmschaffenden, die bei der Darbietung künstlerisch mitgewirkt haben. Beim Fernsehen kommen zusätzlich Quizmaster, Rundfunksprecher, Reporter, Moderatoren als mitwirkende Künstler infrage.

Die Leistungsschutzrechte gewähren den ausübenden Künstlern dem Urheberrecht verwandte Rechte. Hierzu gehört etwa die ausschließliche Befugnis des Künstlers, seine Darbietung aufzunehmen, zu vervielfältigen, zu verbreiten, zu senden etc. Darüber hinaus hat der Künstler ein Recht auf Nennung und das Recht, Beeinträchtigungen seiner Darbietung zu verbieten.

Damit der Filmhersteller den Film auswerten kann, muss er von allen ausübenden Künstlern die erforderlichen Nutzungsrechte erwerben.

Das Leistungsschutzrecht des Sendeunternehmens
Auch dem Sendeunternehmen stehen für seine Sendungen Leistungsschutzrechte zu.

Die Auswertung

1. Der Verleih

Ein Verleihvertrag kann in mehrfacher Hinsicht bereits vor Produktionsbeginn sehr hilfreich sein:

- Wird eine Minimumgarantie bezahlt, kann dies einen Baustein zur Finanzierung darstellen.
- Sie haben mit einem Verleihvertrag die Sicherheit, dass Ihr Film den Weg ins Kino findet.
- Für bestimmte Förderungen ist ein Verleihvertrag Voraussetzung. Beim DFFF ist sogar die Anzahl der durch den Verleih mindestens herzustellenden Kopienzahl (vier) geregelt.

Wird der Verleihvertrag im Vorfeld der Produktion geschlossen, so wird sich die Verleihfirma das Konzept vorlegen lassen und die Eckdaten (insbesondere Genre, Laufzeit, Format, Budget) im Vertrag aufnehmen lassen.

Der Verleihvertrag

Mit dem Verleihvertrag übertragen Sie als Produzent die Rechte zur Herausbringung des Films im Kino. Häufig versucht die Verleihfirma noch weitere Rechte zu erwerben, meist die DVD-Rechte, um das Risiko, das die Kinoauswertung darstellt, zu schmälern. Diese Rechte können selbstverständlich nur dann an den Verleih übertragen werden, wenn sie nicht bereits an einen Sender oder anderen Vertragspartner übertragen wurden. Häufig ist bei in Deutschland produzierten Kinofilmen ein deutscher Fernsehsender involviert, so dass die deutschen Senderechte bereits vergeben sind.

Lizenzzeit/Lizenzgebiet

Üblicherweise beträgt die Lizenzzeit zwischen fünf und 20 Jahren. Soweit keine oder nur eine sehr geringe Minimumgarantie durch die Verleihfirma bezahlt wird, wird die Lizenzzeit üblicherweise fünf Jahre für die Kinoauswertung betragen. Der Verleih kann sich eine Verlängerungsoption einräumen lassen.

Das Lizenzgebiet sind meist die deutschsprachigen Gebiete, also Deutschland, Österreich, Liechtenstein, Luxemburg und die deutschsprachige Schweiz.

Die Lizenzgebühr/Minimumgarantie

Als Lizenzgebühr wird üblicherweise eine Erlösbeteiligung des Verleihers verein-bart. Ist der Film mithilfe von Filmförderung entstanden, so sieht das Filmför-derungsgesetz vor, dass dem Verleiher höchstens 35% des Kinoerlöses zufließen dürfen. Zu beachten ist dabei, dass – falls eine Minimumgarantie bezahlt wurde – diese ausschließlich aus dem Produzentenanteil rückgedeckt wird. Das Gleiche gilt für die Herausbringungskosten. Erst nachdem Herausbringungskosten und Minimumgarantie rückgeführt sind, erhält der Produzent seine 65% der Erlöse.

Ist das Förderdarlehen rückgeführt, dürfen Produzent und Verleihfirma zu Gunsten des Verleihers einen höheren Erlösanteil vereinbaren. Üblicherweise liegt dieser zwischen 40% und 50%.

Da der Produzent bis zur Rückdeckung der Minimumgarantie und der Her-ausbringungskosten keine Erlöse erhält, wird bei erfolgversprechenden Projekten häufig ein »Korridor« vereinbart. Beträgt der Korridor zum Beispiel 5%, so er-hält der Produzent vor Rückführung der Minimumgarantie und der Herausbrin-gungskosten 5% der Erlöse aus der Kinoauswertung. Sind Minimumgarantie und Herausbringungskosten bezahlt, entfällt dieser Korridor. Es gilt dann die verein-barte Erlösbeteiligung.

Es wird im Dokumentarfilmbereich eher selten eine Minimumgarantie be-zahlt. Falls doch, bewegt sich diese zwischen 5000 und 15.000 Euro. Im Einzelfall auch darüber oder darunter.

Vorkosten

Vorab sind die Vorkosten von den eingehenden Erlösen abzuziehen. Eine Liste der Vorkosten, die bei geförderten Filmen abzugsfähig sind, ist aus dem Filmför-derungsgesetz (FFG) [Richtlinie für die Projektfilmförderung (§ 32 Abs. 1 FFG)) ersichtlich.] Es handelt sich um:

- Beiprogrammfilm;
- Kopien für Hauptfilm, Werbevorspannfilm und Beiprogrammfilm zuzüglich Verpackung und Transport, soweit nicht in den Herstellungskosten enthalten;
- Lavendelpositiv und Dupnegativ bzw. Interpositiv und Internegativ, soweit nicht in den Herstellungskosten enthalten;
- Synchronisation sowie IT-Band, soweit nicht in den Herstellungskosten ent-halten;
- Kopienversicherung;
- Negativ-Versicherung und sonstige filmbezogene Versicherungen, soweit nicht in den Herstellungskosten enthalten;

- Beschichtung, Instandhaltung und Wiederherstellung der Kopien für Haupt-, Vorspann- und Beiprogrammfilm, soweit diese Arbeiten außerhalb der Betriebsräume oder auch innerhalb der Betriebsräume des Verleihers, soweit sie zu marktüblichen Preisen durchgeführt werden und zur Auswertung erforderlich sind;
- Herstellung des Werbevorspannfilms sowie der zur redaktionellen Berichterstattung bestimmten Materialien, z.B. electronic press kit und »making of«, falls diese nicht vom Produzenten geliefert werden;
- Standard-Werbematerial;
- Kosten von Marketing-/Promotionagenturen zu marktüblichen Preisen, ohne Aufschlagsberechnungen auf weitere Spesen/Provisionen bei Einschaltung von Drittagenturen;
- Ur- und Erstaufführungswerbemaßnahmen, die sich unmittelbar an Filmbesucher richten sowie filmbezogene Inserate in der Filmfachpresse und etwaige Filmpremierenveranstaltungen;
- Produktionspresse sowie Verleihpresse und sonstige filmbezogene Promotion im Einvernehmen mit dem Produzenten, soweit nicht in den Herstellungskosten enthalten;
- Untertitelung für Hörgeschädigte, Audiodescription für Sehbehinderte;
- Rechtsverfolgung gegenüber filmbezogenen Ansprüchen;
- Finanzierung, soweit nicht in den Herstellungskosten enthalten, allerdings höchstens bis zu 8 v.H. über dem jeweils geltenden Basiszinssatz der Europäischen Zentralbank;
- Abgaben, insbesondere Zoll im grenzüberschreitenden Verkehr;
- SPIO-Filmsonderbeitrag;
- Gebühren der Freiwilligen Selbstkontrolle der Filmwirtschaft (FSK,) soweit nicht ausnahmsweise in den Herstellungskosten enthalten;
- Gebühren der Deutschen Film- und Medienbewertung (FBW), soweit nicht ausnahmsweise in den Herstellungskosten enthalten;
- Abrechnungskontrolle des Verleiherverbandes.

Herausbringung

Der Verleih sollte verpflichtet werden, den Film tatsächlich herauszubringen. Vereinbaren Sie in diesem Zusammenhang auch die Anzahl der Kopien, mit denen der Film mindestens gestartet wird.

Herausbringungskosten

Versuchen Sie, die Herausbringungskosten möglichst zu deckeln (z.B. 70.000 Euro für bis zu 15 Kopien, darüber hinaus 3000 Euro je weitere Kopie). Vereinbaren Sie zusätzlich, dass jede Erhöhung von Ihnen schriftlich genehmigt werden muss.

Filmpremiere/Werbekosten

Nehmen Sie im Vertrag auf, wo, wann und wie die Filmpremiere stattfindet und in welcher Höhe der Verleih Gelder für Werbung und PR zur Verfügung stellt.

Fertigstellungsfrist des Films

Die Fertigstellungsfrist sollte großzügig bemessen sein. Denn wird diese Frist nicht eingehalten, kann der Verleiher unter Umständen vom Vertrag zurücktreten.

Sperrfristen

Für die mit öffentlichen Mitteln geförderten Kinofilme gelten nach dem Filmförderungsgesetz folgende Sperrfristen ab der Erstaufführung des Films:

- sechs Monate später: DVD/Videoauswertung (verkürzbar auf vier Monate).
- neun Monate später: Video-on-Demand, Pay-per-View, (verkürzbar auf vier Monate)
- zwölf Monate später: Pay-TV (verkürzbar auf sechs Monate).
- 18 Monate später: Free-TV [verkürzbar auf sechs Monate). Für Filme, die unter Mitwirkung einer Sendeanstalt (öffentlich-rechtlich oder privatrechtlich) entstanden sind, kann die Sperrfrist in Ausnahmefällen auf sechs Monate nach Abnahme durch den Sender verkürzt werden.]

Beim Präsidium der Filmförderungsanstalt kann der Filmhersteller Verkürzungen der Fristen beantragen. Das Präsidium kann diesen Antrag bewilligen, soweit filmwirtschaftliche Belange den Verkürzungen der Fristen nicht entgegenstehen.

Die oben genannten Sperrfristen werden zwischen dem Produzenten und den jeweiligen Auswertern meist auch dann vereinbart, wenn der betreffende Film nicht gefördert ist.

Konditionen Kinoauswertung

Hier können Sie vereinbaren, für welche Mindestgarantie und welche prozentualen Beteiligungen der Verleih den Film an die Kinos verleihen wird. Bei Einsätzen mit längerer Laufzeit liegen die Beteiligungen zwischen 35 und 50% zugunsten des Verleihers.

Festivals
Vereinbaren Sie, wer die Festivalauswertung übernimmt und wer die Kosten dafür trägt.

Abrechnung/Prüfungsrecht des Produzenten
Die Abrechnung erfolgt üblicherweise vierteljährlich im ersten Jahr und danach halbjährlich. Dem Produzenten sollte vertraglich das Recht zur Überprüfung der das Projekt betreffenden Abrechnungsunterlagen eingeräumt werden.

Ziehungsgenehmigung
Selbstverständlich hat der Filmhersteller der Verleihfirma eine Ziehungsgenehmigung zu erteilen und die Unterlagen für die Werbemittel zur Verfügung zu stellen.

Kündigungsmöglichkeit
Auch sollte vereinbart werden, dass der Produzent eine Möglichkeit zur Kündigung des Vertrags hat, falls der Verleiher in Abrechnungs- und Zahlungsverzug gerät.

Nehmen Sie zur Klarstellung auch auf, dass im Falle der Kündigung oder einer sonstigen Vertragsauflösung die auf den Verleih übertragenen Rechte an Sie zurückfallen.

Schlussbestimmungen
Ein Beispiel für die Schlussbestimmungen finden Sie im Anhang 2.

2. Der Weltvertrieb

Der Weltvertrieb übernimmt den Vertrieb des Films im Ausland. Die Arbeitsgemeinschaft Dokumentarfilm (AG DOK) und German Films haben gemeinsam einen »Wegweiser Weltvertrieb« herausgegeben, der umfassend und übersichtlich Informationen bietet. Es findet sich darin ein Überblick über Weltvertriebsfirmen, steuerrechtliche Grundlagen und die Eigenheiten der verschiedenen Territorien.

Neben der Beauftragung eines Weltvertriebs bestehen für Dokumentarfilmer auch andere Möglichkeiten. So ist es durchaus möglich, einen Dokumentarfilm ohne Weltvertrieb auf eigene Faust zu verkaufen. Auch hierzu finden Sie Informationen im oben genannten »Wegweiser Weltvertrieb«. Möglich ist auch der Einsatz von mehreren nicht-exklusiven Agenten bzw. Vertriebsfirmen.

Der Weltvertriebsvertrag

Lizenzgebiet

Üblicherweise umfasst das Lizenzgebiet die ganze Welt mit Ausnahme des eigenen Territoriums, in Ihrem Fall also mit Ausnahme der deutschsprachigen Länder.

Lizenzzeit

Die branchenübliche Lizenzzeit liegt zwischen drei und 15 Jahren. Zu empfehlen sind drei bis fünf Jahre mit automatischer Verlängerung um jeweils ein Jahr, wenn keine der beiden Parteien kündigt. Es kann auch vereinbart werden, dass der Vertrag automatisch aufgelöst wird, wenn innerhalb eines bestimmten (festzulegenden) Zeitraums kein Verkauf getätigt wurde. Gegebenenfalls sind Beschränkungen der Filmförderungen zu beachten, falls Ihr Film gefördert wurde.

Lizenzierte Rechte

Im Weltvertrieb werden häufig alle Rechte übertragen, insbesondere die Rechte zur

- öffentlichen Vorführung (Kino, Festival, Messe)
- Sendung
- DVD-Rechte
- Vervielfältigung und Verbreitung
- Klammerteilauswertung zur Herstellung von Werbetrailern
- Synchronisation und/oder Untertitelung

Wenn der Weltvertrieb Ihnen die übliche Rechteauflistung zukommen lässt, streichen Sie all die Rechte, die Sie möglicherweise selbst vergeben möchten, bzw. bereits vergeben haben.

Achten Sie darauf, dass die Bearbeitungsrechte nur im Hinblick auf bestimmte festgelegte Bearbeitungen übertragen werden, so zu Zwecken der Nennung der Weltvertriebsfirma und um mögliche Zensur-Regularien erfüllen zu können.

Häufig wird vereinbart, dass der Weltvertrieb Sublizenzen vergeben kann. Falls er dabei berechtigt sein soll, Sublizenzen zu vergeben, die über seine eigene Lizenzzeit hinausgehen, sollte hierfür ein konkreter Zeitraum vorgegeben werden.

Werbe- und Marketingkosten

Achten Sie darauf, dass die Werbe- und Marketingkosten genau definiert sind. Hilfreich ist auch, wenn Sie vereinbaren, dass höchstens ein bestimmter Prozentsatz von den Erlösen als Werbe- und Marketingkosten abgezogen werden kann.

Dann erleben Sie später keine böse Überraschung. Auch ist darauf zu achten, dass nur Kosten angesetzt werden können, die Ihren Film direkt betreffen (z.b. Messekosten nur mit Ihrer Zustimmung).

Zu lieferndes Material
Üblicherweise legt der Weltvertrieb eine Liste vor, welche Materialien er benötigt. Versuchen Sie, in diesem Punkt möglichst viel zu streichen, denn hier lauern erhebliche Kosten.

Sichern Sie auch ab, dass sämtliche Materialien nach Ende der Lizenzzeit an Sie herausgegeben werden.

Das Originalmaterial sollte von Ihnen nicht herausgegeben werden. Bei Kinofilmen wird vielmehr ein »Lab Access Letter« ausgestellt. Dieser enthält die unwiderrufliche Anweisung an ein Kopierwerk, dem Weltvertrieb ungehinderten Zugang zum Material zu verschaffen. Auch das Kopierwerk muss den Lab Access Letter unterzeichnen. Das Material bleibt also im Kopierwerk und alle erforderlichen Arbeiten werden vom Kopierwerk durchgeführt.

Vergütung
Häufig wird die Provision des Weltvertriebs für Kinofilme mit 20% vereinbart. Bestimmte Vertriebe nehmen bis zu 33%. In den USA sind die Sätze geringer, sie betragen etwa 10 bis 15%. Die Provisionen für Fernsehfilme liegen in vielen Fällen etwas höher, hier sind durchaus 25% bis 35% üblich.

Soweit ein regionaler Vertrieb (oder Vertriebsagent) durch den Weltvertrieb eingeschaltet wird, sollte vereinbart werden, wie hoch dessen Provision höchstens zusätzlich betragen darf. Üblich sind z.B. in Italien 10%.

Die Werbe-, Marketing- und Materialkosten werden vom Weltvertrieb vorab abgezogen. Soweit es eine Minimumgarantie gab, wird auch diese gegengerechnet.

Auskunfts- und Prüfungsrechte
Lassen Sie sich im Vertrag garantieren, dass Sie eine detaillierte Abrechnung erhalten und diese durch eine zur Berufsverschwiegenheit verpflichtete Person (Steuerberater oder Wirtschaftsprüfer) überprüfen lassen können. Ergeben sich Abweichungen zu Ihren Ungunsten von mehr als 2%, so soll die Weltvertriebsfirma verpflichtet sein, die Kosten der Prüfung zu bezahlen und selbstverständlich die zu wenig ausbezahlte Summe herauszugeben.

Sperrfristen

Für die mit öffentlichen Mitteln geförderten Spielfilme gelten nach dem Filmförderungsgesetz folgende Sperrfristen ab der Erstaufführung des Films:

- sechs Monate später: DVD/Videoauswertung (verkürzbar auf vier Monate).
- neun Monate später: Video-on-Demand, Pay-per-View, (verkürzbar auf vier Monate)
- zwölf Monate später: Pay-TV (verkürzbar auf sechs Monate).
- 18 Monate später: Free-TV [verkürzbar auf sechs Monate). Für Filme, die unter Mitwirkung einer Sendeanstalt (öffentlich-rechtlich oder privatrechtlich) entstanden sind, kann die Sperrfrist in Ausnahmefällen auf sechs Monate nach Abnahme durch den Sender verkürzt werden.]

Beim Präsidium der Filmförderungsanstalt kann der Filmhersteller Verkürzungen der Fristen beantragen. Das Präsidium kann diesen Antrag bewilligen, soweit filmwirtschaftliche Belange den Verkürzungen der Fristen nicht entgegenstehen. Die Sperrfristen gelten in bestimmten Fällen auch für ausländische Lizenznehmer. So ist etwa die DVD-Sperrfrist für die deutschsprachige Fassung auch für Auslandsgebiete zu beachten, da solche DVDs gegebenenfalls vom Ausland nach Deutschland importiert werden könnten.

Meist werden die oben genannten Sperrfristen zwischen dem Produzenten und den jeweiligen Auswertern auch dann vereinbart, wenn der betreffende Film nicht gefördert ist.

Kündigungsmöglichkeit

Auch sollte vereinbart werden, dass der Produzent eine Möglichkeit zur Kündigung des Vertrags hat, falls der Weltvertrieb in Abrechnungs- und Zahlungsverzug gerät oder innerhalb bestimmter Fristen keine oder keine nennenswerten Verkäufe durch den Weltvertrieb getätigt werden.

Nehmen Sie zur Klarstellung auch auf, dass im Falle der Kündigung oder einer sonstigen Vertragsauflösung die auf den Verleih übertragenen Rechte an Sie zurückfallen und die gezogenen Kopien einschließlich der synchronisierten Fassungen zum Selbstkostenpreis an Sie herauszugeben sind. Soweit der Weltvertrieb seine Vorkosten bereits eingespielt hat, soll er verpflichtet sein, diese Kopien und Synchronfassungen ohne Vergütung herauszugeben, denn dann sind sie ja bezahlt.

Schlussbestimmungen

Ein Beispiel für die Schlussbestimmungen finden Sie im Anhang 2.

3. Die DVD-Lizenz

Sie haben die Möglichkeit, Ihren Film einerseits auf DVDs vervielfältigen und verbreiten zu lassen. Darüber hinaus können Sie mit einer oder mehreren Video-on-Demand-Plattformen Verträge zur Auswertung abschließen.

Der DVD-Lizenzvertrag

(klassische Auswertung auf DVD)
Im Vertrag mit dem DVD-Programmanbieter übertragen Sie die Rechte, den Film auf DVDs zu vervielfältigen und die DVDs zu verkaufen bzw. zu vermieten.

Lizenzgebiet/Lizenzzeit
Lizenzgebiete sind üblicherweise die deutschsprachigen Gebiete. Die Lizenzzeit beträgt in der Regel zwischen drei und fünf Jahren nebst einer Abverkaufsfrist.

Minimumgarantie/Vergütung
Der Videoprogrammanbieter bezahlt oftmals Minimumgarantien. Diese Minimumgarantien sind häufig niedrig. Sie beginnen bei 1000 Euro – etwa bei kürzeren Reisefilmen – und gehen selten über 50.000 Euro hinaus, außer es handelt sich um eine besonders vielversprechende Produktion. Die Minimumgarantie ist gegen die Beteiligung in der Regel anrechenbar.

Als Vergütung bei Kauf-DVDs wird üblicherweise ein prozentualer Anteil vom Händlerabgabepreis, also vom Preis, den der Großhandel vom Einzelhändler erhält, vereinbart. Die Spanne beträgt zwischen 8 und 20% . Wichtig ist dabei, dass nicht nur der prozentuale Satz, sondern auch der Händlerabgabepreis selbst im Vertrag festgelegt wird. Für andere Auswertungen, beispielsweise für Bildungszwecke oder den VoD-Vertrieb (Video on Demand-Vertrieb) vereinbaren Sie am besten eine Nettoerlösbeteiligung (hier sind bis zu 51% üblich).

Bei geförderten Dokumentarfilmen ist die Beteiligung anders zu berechnen.. Der Produzentenanteil an den DVD-Lizenzerlösen muss laut den Fördervorschriften bis zur Rückführung der Förderdarlehen 70% betragen. Die Provision für den DVD-Programmanbieter beträgt damit höchstens 30%. Es wird diesbezüglich nicht zwischen Verkauf und Verleih unterschieden.

Abrechnung und Auszahlung
Die Vergütung wird halbjährlich abgerechnet und innerhalb von vier Wochen nach Abrechnung ausbezahlt.

Rechteübertragung

Dem Videoprogrammanbieter werden die exklusiven Rechte zur Vervielfältigung des Films (üblicherweise auf DVD) und zur Verbreitung dieser DVDs eingeräumt. Sie umfassen die Rechte zum Verkauf und Vermietung auf Bild-, Ton- und/oder Datenträgern jeder Art, insbesondere sämtliche audio-visuellen Systeme wie Videokassetten, Videobänder, Digital Video Disc, Videoplatten aller Art, unabhängig von der technischen Ausgestaltung des einzelnen Systems.

Nicht mitübertragen werden die Rechte, die von einer Verwertungsgesellschaft, wie z.B. der GEMA, wahrgenommen werden.

Material

Legen Sie genau fest, welches Material dem Videoprogrammanbieter geliefert wird. Vereinbaren Sie auch, dass der Videoprogrammanbieter den Film nicht ändern darf und den Vor- und Nachspann unverändert übernehmen muss.

Werbung

Soweit möglich sollte der Videoprogrammanbieter verpflichtet werden, einen bestimmten Betrag in Werbung für den Film zu investieren.

Prüfungsrecht

Der Produzent soll berechtigt sein, einmal jährlich die Abrechnung des Videoprogrammanbieters zu überprüfen und sich dazu zur Berufsverschwiegenheit verpflichteter Dritter zu bedienen. Der Videoprogrammanbieter hat sämtliche Unterlagen offenzulegen. Wird eine Abweichung von mehr als 2% zu Ungunsten des Produzenten festgestellt, so hat Videoprogrammanbieter die Kosten der Abrechnung zu tragen.

Sperrfrist

Für die mit öffentlichen Mitteln geförderten Spielfilme gelten nach dem Filmförderungsgesetz folgende Sperrfristen ab der Erstaufführung des Films:
*   sechs Monate später: DVD/Videoauswertung (verkürzbar auf vier Monate).
*   neun Monate später: Video-on-Demand, Pay-per-View, (verkürzbar auf vier Monate)
*   zwölf Monate später: Pay-TV (verkürzbar auf sechs Monate).
*   18 Monate später: Free-TV [verkürzbar auf sechs Monate). Für Filme, die unter Mitwirkung einer Sendeanstalt (öffentlich-rechtlich oder privatrechtlich) entstanden sind, kann die Sperrfrist in Ausnahmefällen auf sechs Monate nach Abnahme durch den Sender verkürzt werden.]

Beim Präsidium der Filmförderungsanstalt kann der Filmhersteller Verkürzungen der Fristen beantragen. Das Präsidium kann diesen Antrag bewilligen, soweit filmwirtschaftliche Belange der Verkürzung der Fristen nicht entgegenstehen. Die Sperrfristen gelten in bestimmten Fällen auch für ausländische Lizenznehmer. So ist etwa die DVD-Sperrfrist für die deutschsprachige Fassung auch für Auslandsgebiete zu beachten, da solche DVDs gegebenenfalls vom Ausland nach Deutschland importiert werden könnten.

Meist werden die oben genannten Sperrfristen zwischen dem Produzenten und dem Videoprogrammanbieter auch dann vereinbart, wenn der betreffende Film nicht gefördert ist.

Freiexemplare

Üblicherweise erhalten Sie 20 bis 30 Freiexemplare jeder Auswertungart (DVD) unmittelbar nach Veröffentlichung der DVDs. Diese dürfen natürlich nicht verkauft werden.

Nennungsverpflichtungen

Der Videoprogrammanbieter verpflichte sich, die ihm mitgeteilten Nennungsverpflichtungen in allen von ihm hergestellten Werbemitteln unverändert im marktüblichen Umfang zu übernehmen.

Schlussbestimmungen

Ein Beispiel für die Schlussbestimmungen finden Sie im Anhang 2.

Der Video-on-Demand-Vertrag

Im Internet entstehen immer mehr VoD-Plattformen. Und verschiedene dieser Plattformen, etwa iTunes, docufilms.com, onlinefilm.org (die Plattform der AG DOK) und andere bieten auch Dokumentarfilme an.

Die Verträge mit diesen Plattformen sehen meist eine nicht-exklusive Rechteübertragung vor. Das bedeutet, dass Sie als Dokumentarfilmproduzent Ihre Filme jeweils auf mehreren Plattformen anbieten können – jeweils nicht-exklusiv.

Die Verträge werden für einen bestimmten Zeitraum abgeschlossen und erhalten meist eine Verlängerungsmöglichkeit dergestalt, dass sich der Vertrag jeweils um ein weiteres Jahr verlängert, falls nicht eine der Parteien drei Monate vor Ablauf der Vertragszeit schriftlich kündigt.

Häufig wird ein bestimmter Betrag je Zugriff vereinbart. Möglich sind aber auch Pauschalvergütungen oder eine prozentuale Beteiligung. Die prozentuale

Beteiligung beträgt zwischen 25 und 50% der Nettoerlöse des Plattformbetreibers. Meist zieht der Plattformbetreiber von den eingehenden Geldern vor Erlösaufteilung eine Kostenpauschale ab.

4. Die Sendelizenz

Mit dem Sendelizenzvertrag überträgt der Produzent das Recht an den Sender, den Film auszustrahlen. Dabei können die verschiedenen Sendemöglichkeiten jeweils gesondert lizensiert werden: Free-TV, Pay-TV (beim Pay-TV ist weiter zu untergliedern in Video-on-Demand, Near-Video-on-Demand, Pay-per-View, Pay-per-Channel).

Der Sendelizenzvertrag

Unter der Überschrift »Vertragsgegenstand« sind der Filmtitel, die Länge, das Genre, der Regisseur und gegebenenfalls weitere Beschreibungen oder Besonderheiten des Films aufzunehmen.

Lizenzgebiet
Bei der räumlichen Aufteilung der Rechte ist zu beachten, dass ARD und ZDF meist auch die Arte-Rechte für Frankreich miterwerben.

Lizenzzeit/Anzahl der gestatteten Sendungen
In Deutschland ist die Lizenzzeit bei geförderten deutschen Filmen auf fünf Jahre beschränkt. Bei nicht geförderten Filmen werden die Rechte üblicherweise für drei bis sieben Jahre übertragen. Bei Verkäufen ins Ausland sind auch kürzere Lizenzzeiten üblich.

Weiterhin ist zu vereinbaren, wie oft der Sender den Film während dieser Lizenzzeit ausstrahlen darf. Es kann dabei selbstverständlich auch vereinbart werden, dass der Sender den Film in dieser Zeit beliebig häufig senden darf.

Lizenzgebühr
Für die Lizenzierung wird üblicherweise ein Festpreis vereinbart. Koppeln Sie die Zahlung der Raten nicht an die vom Sender vorgenommenen Ausstrahlungen. Denn möglicherweise strahlt der Sender erst viel später oder gar nicht aus. Vereinbaren Sie daher, dass ein Teil der Vergütung bei Vertragsunterzeichnung und der Rest an einem bestimmten, festgesetzten Datum zu zahlen ist, unabhängig

davon, ob ausgestrahlt wurde oder nicht (z. B. nach Lieferung und technischer Abnahme innerhalb vorgegebener Frist).

Lassen Sie im Vertrag auch aufnehmen, dass die Wiederholungsvergütungen des Autors, des Regisseurs und gegebenenfalls weiterer Beteiligter vom Sender zu tragen sind.

Sperrfristen bei geförderten Filmen

Für die mit öffentlichen Mitteln geförderten Kinofilme gelten nach dem Filmförderungsgesetz folgende Sperrfristen ab der Erstaufführung des Films:

- sechs Monate später: DVD/Videoauswertung (verkürzbar auf vier Monate).
- neun Monate später: Video-on-Demand, Pay-per-View, (verkürzbar auf vier Monate)
- zwölf Monate später: Pay-TV (verkürzbar auf sechs Monate).
- 18 Monate später: Free-TV [verkürzbar auf sechs Monate). Für Filme, die unter Mitwirkung einer Sendeanstalt (öffentlich-rechtlich oder privatrechtlich) entstanden sind, kann die Sperrfrist in Ausnahmefällen auf sechs Monate nach Abnahme durch den Sender verkürzt werden.]

Beim Präsidium der Filmförderungsanstalt kann der Filmhersteller Verkürzungen der Fristen beantragen. Das Präsidium kann diesen Antrag bewilligen, soweit filmwirtschaftliche Belange den Verkürzungen der Fristen nicht entgegenstehen.

Diese Sperrfristen werden zwischen dem Produzenten und den jeweiligen Auswertern meist auch dann vereinbart, wenn der betreffende Film nicht gefördert ist. Soweit die deutschsprachige Fassung durch ausländische Fernsehsender zum Empfang in Deutschland ausgestrahlt wird, gelten die Sperrfristen auch für den ausländischen Sender. Das gleiche gilt für Internetportale, die den Film in deutschsprachiger Fassung zum Download anbieten.

Bearbeitungsrechte

Die Sender lassen sich meist auch bestimmte Bearbeitungsrechte am Film einräumen. Hier ist allerdings Vorsicht geboten: Lassen Sie im Vertrag am besten konkret aufnehmen, welche Befugnisse der Sender diesbezüglich erhalten soll. So wird dem Sender üblicherweise das Recht eingeräumt, die Produktion durch Werbung zu unterbrechen, Klammerteile aus dem Film zur Erstellung und Sendung von Trailern zu verwenden, den Vor- sowie den Abspann zu kürzen. Was passieren kann, wenn die Bearbeitungsrechte nicht konkretisiert werden, zeigt der folgende Fall:

Der Dokumentarfilm mit dem Titel »Schlacht um Berlin« mit einer Länge von ursprünglich 80 Minuten war vor der Sendung vom Sender ohne Einwilligung des Regisseurs um etwa 40 Minuten gekürzt worden. Der Film beschäftigt sich anhand von originalen Archiv-Filmdokumenten mit der Vor- und Nachkapitulationszeit.

In der Vorkapitulationszeit geht es um die filmische Darstellung der letzten Kriegsmonate unter Betonung der Implikationen des Kriegs für die Berliner Bevölkerung und ihrer Lebensbedingungen. Der zweite Teil widmet sich dem Überleben und dem Wiedererstehen zivilen Lebens unter den Besatzungsmächten.

Die gekürzte (Sende-)Fassung besteht dagegen lediglich aus der nahezu unveränderten (um weniger als zwei bis drei Minuten gekürzt, ohne textliche Veränderungen) chronologischen ersten Hälfte des Films des Klägers bis zur Kapitulation, sie endet vor dem anschließenden Komplex »Potsdamer Konferenz« und Nachkriegsära.

Der Regisseur des Films sah in dieser Kürzung seines Films um etwa die Hälfte der Gesamtlänge eine gröbliche Entstellung seines Werks und verlangte vom Sender Schadensersatz. Er zog vor das Landgericht Berlin und verlor. Auch seine Berufung beim Kammergericht (AZ: 5 U 278/ 03) blieb ohne Erfolg.

Der Kläger hat zur Begründung der behaupteten gröblichen Entstellung durch die Sendefassung des Films vorgetragen, durch die Kürzung, die den Film bei der Kapitulation enden lässt, werde die Gesamtdramaturgie zerstört, denn seine Absicht sei gewesen, das gesamte Jahr 1945 zu dokumentieren.

Das Gericht stimmte dem Regisseur insoweit zu, als durch die Kürzung gerade an der »Wendemarke Kapitulation« die Aussage des Films inhaltlich verändert werde, da dem Zuschauer die vom Kläger konzipierte zeitliche Klammer von Silvester 1944 bis Silvester 1945 vorenthalten wird und der (gekürzte) Film mit der Darstellung der verheerenden Lebensumstände der Menschen im zerstörten Berlin zum Zeitpunkt der Kapitulation endet.

Die Grenze zur gröblichen Entstellung, die § 93 Urheberrechtsgesetz erfordert, sei dadurch aber nicht überschritten. Bei umfassender Abwägung und Wertung der Interessen der Beteiligten unter Beachtung von Treu und Glauben müsse der Regisseur die Kürzung hinnehmen. Bei der Abwägung der Interessen des Regisseurs mit den Interessen des Senders sei davon auszugehen, dass den Interessen der Filmverwerter grundsätzlich ein sachlicher Vorrang gegenüber solchen Entstellungen bzw. Beeinträchtigungen einzuräumen ist, die keine schwerwiegende Interessengefährdung des Urhebers zur Folge haben. Vorliegend sei ein den grundsätzlich vorrangigen Interessen des Filmherstellers an der möglichst umfassenden Verwertung entgegenstehendes überwiegendes Interesse des Klägers an der Wahrung der Authentizität seines Filmwerks zu verneinen. Weder habe die Kürzung des Films eine völlige Verkehrung des ursprünglichen Sinngehalts des Filmwerks oder eine völlige Verunstaltung von urheberrechtlich wesentlichen Teilen des Films entgegen den Intentionen des Urhebers bewirkt, noch sei vorliegend unter Berücksichtigung der Gestaltungshöhe des Werks und der Art und Intensität des Eingriffs durch die Beklagte ein vorrangiger Schutz des Klägers als Urheber angezeigt. Der gewählte Schnitt des Films bei der chronologischen Schilderung der Ereignisse in Berlin im Jahr 1945 habe gewissermaßen eine Sollbruchstelle markiert, nämlich eine inhaltliche Zäsur nach Beendigung des Kampfs um Berlin und dem Beginn der Nachkriegsära. Die vorgenommene Kürzung des Films durch den beklagten Sender sei daher nachvollziehbar und sachangemessen motiviert. Ungeachtet der Kürzung bleibe die geistige Eigenart des Films hinreichend gewahrt, auch wenn der Film vom Kläger ursprünglich nicht als teilbarer Film konzipiert worden sei.

Schlussbestimmungen

Nehmen Sie – wie bei jedem Vertrag – die Schlussbestimmungen mit auf. Ein Beispiel finden Sie im Anhang 2.

5. Weitere Auswertungsmöglichkeiten

Versuchen Sie, Ihre Dokumentation auch auf unkonventionellen Wegen auszuwerten. Haben Sie etwa einen Film über einen Komponisten gemacht, versuchen Sie herauszufinden, ob es einen Verein oder einen Zusammenschluss von Liebhabern dieses Komponisten oder dieser Art von Musik gibt. Manchmal erschließen sich über einen solchen Verein weitere geschäftliche Möglichkeiten. Vielleicht nimmt der Verein eine feste Anzahl von DVDs Ihres Films ab. Oder man kommt gemeinsam auf andere Ideen, den Film zu verwerten.

Gelegentlich entstehen aus Dokumentarfilmen auch ein Buch zum Film oder ein Soundtrack.

Und selbstverständlich ist das Goethe-Institut eine gute Anlaufstelle.

Die Verwertungsgesellschaften

1. Welche Aufgaben haben Verwertungsgesellschaften?

Für Urheber oder Leistungsschutzberechtigte ist es in bestimmten Fällen unmöglich, ihre Rechte und Vergütungsansprüche selbst wahrzunehmen. Man denke nur an die Leerkassettenabgabe, die Videogeräteabgabe oder die Kabelweitersendung. Hierfür sind die Verwertungsgesellschaften zuständig. Sie nehmen bestimmte Nutzungsrechte, Einwilligungsrechte und Vergütungsansprüche für Urheber und Leistungsschutzberechtigte wahr. Auch verfolgen sie Rechtsverletzungen.

Voraussetzung dafür ist der Abschluss eines Berechtigungsvertrags zwischen dem Urheber bzw. Leistungsschutzberechtigten und der betroffenen Verwertungsgesellschaft.

2. Übersicht über die wichtigsten Verwertungsgesellschaften

GEMA

Die älteste und mit Abstand größte Verwertungsgesellschaft in Deutschland ist die GEMA. Die GEMA nimmt Rechte für folgende drei Berufsgruppen wahr: Komponisten, Textdichter und Verleger. Die Rechtsbeziehungen zwischen der GEMA und all ihren Mitgliedern werden durch den sogenannten Berechtigungsvertrag geregelt. Dieser Berechtigungsvertrag bestimmt den Umfang der der GEMA eingeräumten Rechte. Die wichtigsten Tätigkeitsbereiche der GEMA sind die Wahrnehmung des Aufführungsrechts und des Senderechts für Hörfunk und Fernsehen (ausgeschlossen ist dabei das »große Recht« also die bühnenmäßigen Aufführungsrechte), die öffentliche Wiedergabe von Hörfunk- und Fernsehsendungen sowie von Bild- und Tonträgern.

Eine Besonderheit stellt die Übertragung des Filmherstellungsrechts dar. Diese sogenannten Synchronisationsrechte werden von der GEMA unter auflösender Bedingung übertragen, was in der Praxis dazu führt, dass regelmäßig vor Erteilung einer Genehmigung zur Benutzung von Musik für einen Film die GEMA den Rechteinhaber befragt.

Daneben nimmt die GEMA auch Vergütungen für private Überspielung und Vermietung von Bild- und Tonträgern ein.

VG WORT

Die Haupttätigkeitsbereiche und damit wichtigsten Einnahmequellen sind die sogenannte Bibliothektantieme, die Vergütung für öffentliche Wiedergabe, private Überspielung, Kabelweitersendung und Vermietung im Audio- und Videobereich sowie die Reprografie-Geräte und Betreiberabgabe (§ 54 a Urheberrechtsgesetz).

Darüber hinaus nimmt die VG Wort auch die Leistungsschutzrechte von Verlagen als Tonträgerproduzenten insbesondere für Hörbücher, Sprachlehrgänge und ähnliches wahr.

Die VG Wort hat sechs Berufsgruppen etabliert:

- Autoren und Übersetzer schöngeistiger und dramatischer Literatur,
- Journalisten, Autoren und Übersetzer von Sachliteratur,
- Autoren und Übersetzer von wissenschaftlicher und Fachliteratur,
- Verleger von schöngeistigen Werken und von Sachliteratur ,
- Bühnenverleger,
- Verleger von wissenschaftlichen Werken und von Fachliteratur.

VFF Verwertungsgesellschaft der Film- und Fernsehproduzenten

Die Verwertungsgesellschaft der Film und Fernsehproduzenten mbH wurde 1979 vom Bundesverband Deutscher Fernsehproduzenten e.V., dem Zweiten Deutschen Fernsehen sowie dem Süddeutschen Rundfunk als Vertreter der ARD gegründet. Die Filmhersteller schließen mit der VFF einen Wahrnehmungsvertrag. Die Haupteinnahmequellen sind die Geräte- und Leerkassettenvergütung (§ 54 Urheberrechtsgesetz) sowie die Vergütung für Kabelweitersenderechte.

GWFF Gesellschaft zur Wahrung von Film- und Fernsehrechten mbH

Die Gesellschaft zur Wahrnehmung von Film- und Fernsehrechten mbH wurde 1982 von Filmproduzenten und Filmimporteuren gegründet. Die Haupttätigkeitsbereiche sind die Vergütungsansprüche für private Überspielung (§ 54 Abs. 1 Urheberrechtsgesetz), Vermietung (§27 Urheberrechtsgesetz) und öffentliche Wiedergabe (§ 21 ff. Urheberrechtsgesetz) sowie das Recht der Kabelweitersendung solcher Fernsehprogramme, die am Ort des Breitbandverteilnetzes auch drahtlos empfangbar sind.

VGF Verwertungsgesellschaft für Nutzungsrechte an Filmwerken

Die Verwertungsgesellschaft für Nutzungsrechte an Filmwerken mbH wurde 1981 vom Verband Deutscher Spielfilmproduzenten e.V. und dem Verband der Filmverleiher e.V. gegründet. Sie vertritt nicht nur die Interessen von Filmherstellern, Produzenten und Videogramm-Herstellern, sondern nach ihrer Satzung auch Urheber. Die VGF vertritt insbesondere das Recht der öffentlichen Wiedergabe, das Vermietrecht, das Recht der Kabel- und Satellitenweitersendung sowie die Geräte- und Leerkassettenvergütung.

VG Bild-Kunst
Die VG Bild-Kunst nimmt die Rechte der Filmurheber, der Fotografen und bildenden Künstler wahr.

GÜFA Gesellschaft zur Übernahme und Wahrnehmung von Filmaufführungsrechten
Hier werden Rechte im erotischen und pornografischen Bereich wahrgenommen.

AGICOA
Sie vertritt Produzenten und Verleiher international im Bereich Kabelweitersendung.

AGICOA Urheberrechtsschutz GmbH
Sie vertritt Produzenten im Bereich Kabelweitersendung national.

Die Urheberrechtsreform

Hier die wichtigsten Änderungen, die die Urheberrechtsreform mit sich brachte, sowie ein Ausblick auf die vorgesehenen weiteren Änderungen.

1. Das Gesetz zur Regelung des Urheberrechts in der Informationsgesellschaft (sogenannter »Korb I«)

Das Gesetz zur Regelung des Urheberrechts in der Informationsgesellschaft ist seit 13. 9. 2003 in Kraft.

Das Internetrecht

Als Klarstellung wurde das Internetrecht nun ausdrücklich in den Rechtekatalog des Urheberrechtsgesetzes aufgenommen. Klarstellung deshalb, weil dem Urheber ohnehin alle Verwertungsrechte an seinem Werk zustehen (mehr hierzu im Kapitel 6 »Was ist Inhalt meines Urheberrechts als Autor«).

Es wurde weiterhin klargestellt, dass private Kopien auch digital zulässig sind. (Nur aus offensichtlich illegaler Quelle darf der Inhalt nicht stammen). Die Herstellung von privaten Kopien war auch in der Vergangenheit zulässig. Man denke nur an die Aufnahme von Fernsehfilmen auf Videokassetten oder DVDs zum privaten Gebrauch. Diese Nutzung wurde für die Urheber bislang über die Geräteabgabe und die Leerkassettenabgabe vergütet. Zum Ausgleich dafür, dass private Nutzer mit Hilfe von Fotokopierern, Radiorekordern, DVD-/CD-Brennern und den entsprechenden Leerkassetten bzw. Rohlingen urheberrechtlich geschützte Werke zur privaten Nutzung kopieren dürfen, sind die Gerätehersteller verpflichtet, eine Geräteabgabe an die Urheber zu entrichten. Dies gilt darüber hinaus auch für die Großbetreiber von Kopiergeräten. Eingezogen werden die Gelder durch die Verwertungsgesellschaften Die Möglichkeiten, private Kopien von urheberrechtlich geschützten Werken herzustellen, sind durch das Internet aber enorm gestiegen. Welche Art der Vergütung die Berechtigten, unter anderem die Autoren, erhalten sollen, wurde inzwischen durch »Korb II« geregelt (siehe Ziffer 2).
Schutzsysteme

Die Rechteinhaber, vorrangig also die Musik- und Filmindustrie, haben die Möglichkeit erhalten, die Verletzung von technischen Schutzsystemen wirksam zu verfolgen.

2. »Korb II« – Die Urheberrechtsnovelle vom 1. 1. 2008

Mit dem 1. 1. 2008 trat der sogenannte »Zweite Korb« der Urheberrechtsnovelle in Kraft. Aufbauend auf die erste Novelle aus dem Jahr 2003 wurde das Urheberrecht damit weiter an das digitale Zeitalter und die neuen technischen Möglichkeiten angepasst.

Wichtig sind folgende Neuregelungen:

Unbekannte Nutzungsarten
Bisher konnten Nutzungsrechte nur für bereits bekannte Nutzungsarten eingeräumt werden. Durch die Neuregelung können sich die Verwerter, also etwa die Filmproduzenten, auch die Rechte für unbekannte Nutzungsarten einräumen lassen. Der Urheber erhält jedoch eine gesonderte, angemessene Vergütung, wenn sein Werk in einer neuen Nutzungsart verwertet wird.

Erhalt der Privatkopie
Die private Kopie nicht kopiergeschützter Werke bleibt weiterhin erlaubt – auch in digitaler Form. Das neue Recht stellt aber Folgendes klar: Bisher war die Kopie einer offensichtlich rechtswidrig hergestellten Vorlage verboten. Dieses Verbot wird nunmehr ausdrücklich auch auf unrechtmäßig online zum Download angebotene Vorlagen ausgedehnt. Auf diese Weise wird die Nutzung illegaler Tauschbörsen klarer erfasst.

Es bleibt auch bei dem Verbot, einen Kopierschutz zu knacken. So können die Rechtsinhaber ihr geistiges Eigentum durch derartige technische Maßnahmen selbst schützen.

Als Ausgleich für die erlaubte Privatkopie bekommt der Urheber eine pauschale Vergütung. Sie wird auf Geräte und Speichermedien erhoben und über die Verwertungsgesellschaften an die Urheber ausgeschüttet. Diese Vergütung soll von den Beteiligten, also den Verwertungsgesellschaften und den Verbänden der Geräte- und Speichermedienhersteller, ausgehandelt werden. Für den Streitfall sind beschleunigte Schlichtungs- und Entscheidungsmechanismen vorgesehen. Dadurch soll es schneller zu Einigungen über die Vergütungszahlungen kommen.

Vergütungspflichtig sind in Zukunft alle Geräte und Speichermedien, deren Typ zur Vornahme von zulässigen Vervielfältigungen benutzt wird. Keine Vergütungspflicht besteht für Geräte, in denen zwar ein digitaler, theoretisch für Vervielfältigungen nutzbarer Speicherchip eingebaut ist, dieser tatsächlich aber anderen Funktionen dient.

Neuerungen für Wissenschaft und Forschung

Den öffentlichen Bibliotheken, Museen und Archiven ist es nun erlaubt, ihre Werke an elektronischen Leseplätzen zu zeigen. Neu ist auch, dass Bibliotheken auf gesetzlicher Basis Kopien von urheberrechtlich geschützten Werken auf Bestellung anfertigen und versenden dürfen, zum Beispiel per E-Mail. Die Anzahl der Vervielfältigungen eines bestimmten Werks, die an Leseplätzen gleichzeitig gezeigt werden dürfen, ist an die Anzahl der Exemplare im Bestand der Einrichtung gekoppelt. Bei Belastungsspitzen darf allerdings darüber hinausgegangen werden. Und: Bibliotheken dürfen Kopien per E-Mail nur dann versenden, wenn der Verlag nicht ein offensichtliches eigenes Online-Angebot zu angemessenen Bedingungen bereithält.

3. Ausblick auf »Korb III«

Um die Erforderlichkeit weiterer Änderungen des Urheberrechts zu prüfen, hat das Bundesministerium der Justiz seit Februar 2009 Interessenverbände um Stellungnahme zu folgenden Themenkreisen gebeten:

- Prüfung hinsichtlich einer Widerrufsmöglichkeit für Filmurheber bei unbekannten Nutzungsarten,
- Begrenzung der Privatkopien auf Kopien nur vom Original,
- Verbot der Herstellung einer Privatkopie durch Dritte,
- Verbot sogenannter intelligenter Aufnahmesoftware,
- Zweitverwertungsrechte für Urheber von wissenschaftlichen Beiträgen,
- Überprüfung der bestehenden Regelung zur Kabelweitersendung,
- Prüfung einer Regelung des Handels mit gebrauchter Software.

Wann es zu einer gesetzgeberischen Initiative kommt, steht derzeit noch nicht fest. Es laufen die Anhörungen.

Anhang 1: Rechteanlage

Der Vertragspartner räumt der Produktion an dem Werk die ausschließlichen, zeitlich und örtlich unbeschränkten Rechte zur Verfilmung (auch mehrfachen) des Werkes als Kino-, Fernseh-, oder Videoproduktion oder -serie sowie zur umfassenden, weltweiten und zeitlich unbeschränkten Auswertung dieser Produktionen in sämtlichen Sprachfassungen in allen audiovisuellen Medien einschließlich aller hiermit in Zusammenhang stehender Nebenrechte im nachfolgend aufgeführten Umfange ein.

Soweit durch die Mitwirkung des Vertragspartners Urheber-, Leistungsschutz-, Persönlichkeits- oder sonstige Rechte entstehen oder entstanden sind, räumt er der Produktion diese bzw. die Nutzungsrechte daran zur Filmherstellung und Filmauswertung im nachfolgend aufgeführten Umfange exklusiv, zeitlich, räumlich und inhaltlich unbeschränkt ein.

I. Verfilmungsrechte

1. Das (Buch-)Bearbeitungs- und Titelnutzungsrecht, d.h. das Recht, Teile des Werkes herauszunehmen oder andere Teile hinzuzufügen, Handlungselemente und -abfolgen, Figuren oder deren prägende Merkmale, Szenen, Dialoge oder andere Teile und Elemente des Werkes zu verändern oder neu zu gestalten, andere Autoren mit einer Bearbeitung zu beauftragen und das bearbeitete oder unbearbeitete Werk in sämtliche Sprachen übersetzen zu lassen, sowie den Titel des Werkes als Titel der Produktion zu nutzen.

2. Das Verfilmungsrecht, d.h. das Recht, ein- oder mehrteilige audiovisuelle Produktionen in deutscher oder in fremdsprachiger Fassung unter Nutzung des Werkes/der Leistung/des Abbildes oder Teilen davon unter Berücksichtigung des gesetzlichen Urheberpersönlichkeitsrechts beliebig häufig herzustellen.

II. Auswertungsrechte

1. Das Senderecht, d.h. das Recht, die Leistungen und die Produktion – gegebenenfalls live – beliebig oft ganz oder in Teilen der Öffentlichkeit zugänglich zu machen, und zwar insbesondere, wenn auch nicht ausschließlich, durch analoge und digitale Funksendungen wie Ton- und Fernsehrundfunk, Drahtfunk (Hertz'sche

Welle, Laser, Mikrowelle etc.) oder ähnlich technische Einrichtungen (wie z.b. High-Definition-TV) oder das Internet und anderen Telekommunikationsnetzen wie WAP (Wireless Application Protocoll) oder UMTS-Handys. Diese Befugnis gilt für die Ausstrahlung mittels terrestrischer Funkanlagen, Kabelfernsehen – unabhängig davon, durch welche Netze und Leitungen (Telefon, Strom, sonstige Leitungen) die Übertragung erfolgt – unter Einschluss der Kabelweitersendung, Breitband, Satelliten unter Einschluss von Direktsatelliten (DBS) oder ähnlicher technischer Einrichtungen (insbesondere der Streamingtechnik) oder mittels einer Kombination solcher Anlagen erfolgt, gleichgültig, ob in analoger oder digitaler Technik oder mit linearer oder interaktiver Nutzung. Hierin eingeschlossen ist ferner das Recht, die Produktion vollständig oder teilweise in unbeschränkte und/oder beschränkte Nutzerkreise mit oder ohne Zwischenspeicherung über das Internet oder ein anderes globales Netzwerk verbundene Computer mit Hilfe einer Übertragungssoftware zeitgleich oder zeitversetzt, unverändert oder bearbeitet in irgendeiner Form zugänglich zu machen (Web-TV, Web-Casting). Die Übertragung in den jeweiligen Leitungen kann in der Form des Multiplexings (Frequenzmultiplexing, Zeitmultiplexing und/oder Statistisches Multiplexing) erfolgen. Die Ausstrahlung einschließlich der in diesem Absatz genannten Befugnisse kann privatrechtlich und/oder von öffentlich-rechtlich organisierten Sendeunternehmen, Rundfunkanstalten und sonstigen Fernsehanbietern vorgenommen werden, unabhängig davon, ob es sich um kommerzielle oder nichtkommerzielle Sendeunternehmen oder Sendungen handelt, unabhängig davon, wie die Rechtsbeziehungen zwischen den Sendeunternehmen und Sendeempfängern ausgestaltet ist (z.B. Anstaltnutzung, Web-TV, Internet-TV, IP-TV, Video-on Demand, Near-Video-onDemand, Pay-TV, wie z.B. Pay-per-Channel oder Pay-per-View oder Free-TV ohne Entgelt), unabhängig davon, ob die Ausstrahlung/der Empfang verschlüsselt oder unverschlüsselt erfolgt, und unabhängig davon, ob die Sendung durch den Produzenten selbst oder durch ein angeschlossenes oder unabhängiges drittes Sendeunternehmen erfolgt. Eingeschlossen ist das Recht diese Funksendungen durch technische Verfahren/Einrichtungen jeder Art jederzeit öffentlich wahrnehmbar zu machen, insbesondere einem beschränktem Empfängerkreis (z.B. Closed-Circuit-TV in Krankenhäusern, Schulen, Fahrzeugen, Flugzeugen, Hotels, Schiffen, Bussen, Bahnen, Bahnhöfen, firmeninterne Systeme etc.) zugänglich zu machen. Die Ausstrahlung kann auch mittels bzw. in Verbindung mit Videotextsignalen zur Videotextuntertitelung erfolgen.

2. Die Theaterrechte (Vorführungs-/Kinorechte), d.h. das Recht, die Leistungen und die Produktion beliebig oft, ganz oder teilweise, bearbeitet oder unbearbeitet,

durch öffentliche Vorführungen – gegebenenfalls live – gewerblich oder nichtgewerblich, in Filmtheatern und sonstigen dafür geeigneten Örtlichkeiten (z.b. Autokinos, Gaststätten, Diskotheken, Vereinsheime, Altenheime, Schiffe, Flugzeuge, Krankenhäuser sowie sonstige Closed-Circuit-Videonutzungen etc.) wahrnehmbar zu machen und auszuwerten. Die Vorführung kann unter Anwendung aller dafür geeigneten Verfahren/Techniken (auch digitale Systeme) entgeltlich oder unentgeltlich und in allen Formaten (z.b. Imax, 70-, 35-, Super-35-, Super-16-, 16-, 8- und Super-8-mm, Digital Video, Digital Cinema, e:max) und auf Bild-, Ton- und/oder Datenträgern aller Art, sowie den im Internet verwendeten Dateiformaten erfolgen.

3. Die digitalen Verwertungs-, Datenbank- und Telekommunikationsrechte, d.h. die Rechte zur teilweisen oder vollständigen Digitalisierung der Leistungen und der Produktion einschließlich der für ein Streaming und/oder Multiplexing erforderlichen Datenbearbeitung sowie zur unbearbeiteten oder bearbeiteten Auswertung (insbesondere Vervielfältigung und Vertrieb einschließlich Verkauf, Vermietung und Leihe) der Leistungen und der darauf basierenden Produktion zu gewerblichen und/oder nicht gewerblichen Zwecken auf digitalen Speichermedien (Bild-/Tonträger) aller Art, insbesondere, wenn auch nicht abschließend, auf Video-CD, CD-I, CD-I-Music, Foto-CD-Portfolio, CDDA, EBG (Electronic Book Graphic), EBXA, CD-ROM, CD, MD, Laserdisk, DAT (Digital Audio Tape), DCC (Digital Compact Cassette), Foto-CD, CD-Rom-XA, DVD, Disketten, Chips, Festplatten, ServerCD-Recordable, Multi-Optical-Disk (MO-CD), HD-CD (High Density-CD), Mini-Disk, Blue-Ray, HD-DVD, Universal Media Disc (UMD), DVD plus, DVD Rom, DVD-R, DVD-RW, DVD audio, DCC 3DO, MMCD, SDD, CD-Recordable, Magneto Optical Disk (MOD), HD-CD (High-Density-CD), MP3-Datenträger, MPEG-Datenträger, optischen Speichermedien sowie Magnetbänder, Magnetbandkassetten, Kassetten, Bildband etc., gleichgültig, ob in analoger oder digitaler Technik oder mit linearer oder interaktiver Nutzung, einschließlich des Rechts, die Leistungen und die Produktion im Internet zu verwerten sowie die digitalen Verwertungsrechte mit sonstigen, nach diesem Vertrag eingeräumten Nutzungsrechten in beliebiger Weise zu kombinieren. Eingeschlossen ist das Recht, die Leistungen und die Produktion und/oder Bearbeitungen der Leistungen und der Produktion einschließlich der Abstracts und/oder sonstiger Inhaltsangaben digitalisiert zu erfassen, ganz und/oder teilweise, alleine für sich und/oder gemeinsam mit anderen Werken, Produktionen oder Werkteilen gegebenenfalls mit einer Retrival-Software zu versehen, zu bearbeiten und auf beliebigen bekannten Speichermedien zu speichern. Dieses Recht schließt die Befugnis

ein, die Speicherdatenträger in beliebiger Form zu vervielfältigen, zu verbreiten und/oder zu vermieten sowie die Produktion/Bearbeitungen im Wege der Datenfernübertragung (mit oder ohne Download) ganz oder in Teilen in elektronischen Datenbanken, elektronischen Datennetzen einschließlich Internet und Telefondiensten staatlicher oder privater Telefonanstalten zum Zwecke der Nutzung von unbeschränkten und beschränkten Nutzerkreisen durch individuellen Abruf per Daten- oder Telefonleitungen mit/oder ohne Entgelt, einzuspeisen oder in sonstiger Weise auf Datenverarbeitungssysteme Dritter zu übertragen und diesen Ausdrucke von Papierkopien zu gestatten.

4. Die Videogrammrechte, d.h. das Recht zur gewerblichen oder nicht-gewerblichen Auswertung der Leistungen und der Produktion ganz oder teilweise, bearbeitet oder unbearbeitet durch Vervielfältigung und Verbreitung (Verkauf, Vermietung, Leihe, streaming, downloading etc.) auf Bild-, Ton und/ oder Datenträgern jeder Art sowie im Wege des sogenannten Download-to-own, Download-to-burn bzw. Electronic Sell-Through zum Zwecke der nichtöffentlichen und/oder öffentlichen sowie zur interaktiven Wiedergabe; hiervon umfasst ist auch das Recht, die Speicherung des Werkes und der darauf basierenden Produktion auf einem digitalen Speichermedium zu Zwecken der nicht-öffentlichen und/oder öffentlichen Wiedergabe zu ermöglichen. Die Videogrammrechte umfassen insbesondere sämtliche audio-visuellen Systeme wie Videokassetten, Videobänder, Digital Video Disc, Videoplatten aller Art, unabhängig von der technischen Ausgestaltung des einzelnen Systems. Die Videogrammrechte umfassen auch das Recht zur Vervielfältigung und Verbreitung im o.g. Sinne von Schmalfilmen oder Schmalfilmkassetten zum Zwecke nicht-öffentlicher und/oder öffentlicher Wiedergabe.

5. Abruf- und Onlinerechte einschließlich des Download-to-own/Electronic Sell-Through-Rechtes, d.h. das Recht, die Produktion und/oder Teile davon mittels analoger, digitaler oder anderweitiger Speicher-/Datenübertragungstechnik mittels Kabel (z.B. Telefon, Lichtleiter, Stromkabel), sonstiger Datenträger oder drahtlos (mittels terrestrischer Funkanlagen und Satellitenverbindungen einschließlich Direktsatelliten) einem beschränkten oder unbeschränkten Kreis Dritter – entgeltlichoder unentgeltlich – mit oder ohne Zwischenspeicher derart zur Verfügung zu stellen, dass das Werk und die darauf basierende Produktion gegebenenfalls auch interaktiv auf individuellen und/oder gesammelten Abruf bzw. durch Zurverfügungstellung mittels Fernseher, PC oder sonstigen Geräten [z.B. Multimediahomeplattform (MHP), PDA, Spielekonsole, UMTS-, WAP-, GPRS-Handy oder eine Kombination solcher Geräte] empfangen, wiedergegeben,

gespeichert und zur Nutzung vervielfältigt oder in einer interaktiven Form vom Empfänger bzw. Nutzer in einer datentechnisch vorgegebenen Form genutzt und/ oder verändert werden kann (wie z.b. unter iTunes, und anderen Plattformen). Als zu der vorstehend beschriebenen Übertragungsform gehören insbesondere, aber nicht ausschließlich: Television-on-Demand, Video-on-Demand, Near-TV-on-Demand, Near-Video-on-Demand, Streaming, Download, Onlinedienste, Internet, insbesondere World-Wide-Web, Intranet, Extranet, Abo-Dienste, Pull-Dienste, Internet-TV, IP-TV, WAP (Wireless-Application-Protocoll) Handys, dem sogenannten UMTS-Service und den vorgenannten entsprechende Datenübertragungstechnologien. Hiervon umfasst ist die Herstellung, Vervielfältigung, Nutzung und Verbreitung von Bild-/Ton-/Datenträgern, auf denen die Produktion derart gespeichert ist, dass eine Wiedergabe nur durch Übermittlung zusätzlicher Dateninformationen (»Schlüssel«) ermöglicht wird. Umfasst sind insbesondere auch die Nutzung als sogenannte Begleitnutzungen sämtlicher vorbezeichneter Nutzungsarten, insbesondere im Internet einschließlich World-Wide-Web oder im Rahmen und für E-Commerce-Anwendungen und -Projekte, auch wenn dies im Zusammenhang mit Banner-Werbung, Pop-up-Windows, Framing, Datenerhebungen bei Nutzern, Hyperlinks, Meta-Tags etc. geschieht. Eingeschlossen sind ferner die Speicherung, Digitalisierung und Eingabe in elektronischen Datenbanken, offenen oder geschlossenen Datennetzen und Telefondiensten staatlicher oder privater Telefonanstalten, Onlinediensten, Multichannel-Diensten zum Zwecke der akustischen oder audiovisuellen Wahrnehmung, Weiterübertragung, Vervielfältigung und Bearbeitung durch unbeschränkte oder beschränkte Nutzerkreise, gleichviel, ob ein individueller Abruf erfolgt, ob dieser per Daten-, Telefonleitung oder drahtlos erfolgt oder ob hierfür pauschal oder nutzungsabhängige Entgelte vereinnahmt werden.

6. Das Veröffentlichungs-, Vervielfältigungs- und Verbreitungsrecht, d.h. das Recht, die Leistungen und die Produktion ganz oder teilweise beliebig – auch auf anderen als den ursprünglichen verwendeten Bild-, Ton- und Datenträgern – zu gewerblichen und nicht gewerblichen Zwecken zu veröffentlichen, vervielfältigen und verbreiten.

7. Das Bearbeitungs- und Weiterentwicklungsrecht, d.h. das Recht, unter Wahrung der Urheberpersönlichkeitsrechte des VP in den Grenzen des § 93 UrhG die Leistungen und die Produktion sowie die durch Nutzung der mit diesem Vertrag eingeräumten Rechte aus der Produktion abgeleiteten neuen Werke unter Verwendung analoger, digitaler oder sonstiger Bildverarbeitungstechniken zu bearbeiten, umzugestalten, zu kürzen, zu verfremden, zu teilen, auszuschneiden, zu

kolorieren, mit anderen Werken, Produktionen oder Leistungen zu verbinden oder innerhalb anderer Bild- und/oder Tonund/ oder Datenträger zu verwenden, mitzuschneiden, zu unterbrechen (auch zu Werbezwecken), die Musik auszutauschen bzw. zu ändern, multimediale oder interaktive Elemente und Verweise zu anderen Dateien und/oder Computern (Links, Hyperlinks) einzufügen, Hinweise auf Kommunikationsmöglichkeiten des Zuschauers in Form von Telefon-Nummern (insbesondere sogenannte 0190-Nummern) und World-Wide-Web- oder Wireless-Application-Protocoll-Adressen oder entsprechender Telekommunikationsmöglichkeiten einzublenden und das Ergebnis des jeweiligen Bearbeitungsvorganges zu verwerten und in sonstiger Weise zu bearbeiten. Dies schließt auch das Weiterentwicklungsrecht ein, d.h. die Befugnis, aus der Produktion oder aus Produktionselementen (Charaktere, Handlungselemente, Dialoge, Szenen, Zeichnungen, bildliche Darstellungen, Ideen, Formate etc.) und/oder der darauf basierenden Produktion eine Reihe oder Serie aus beliebig vielen Teilen oder sonstige Folgeproduktionen (sequals, equals, prequals, spin-offs etc.) zu entwickeln bzw. weiterzuentwickeln, wobei unerheblich ist, für welches Medium (z.B. Fernsehen, Kino, Video-on-Demand, Internet und andere Onlinedienste) die jeweilige Folgeproduktion bestimmt ist (z.B. Fortsetzungen einer Serie und auch außerhalb der filmischen Nutzung im hier geregelten Umfang), oder in Zusammenhang mit anderen Produktionen zu verwenden, und zwar auch dann, wenn diese Folgeproduktionen bzw. Werke oder sonstigen Vorlagen hierfür ohne Mitwirkung des VP hergestellt werden. Das vorgenannte Bearbeitungsrecht erstreckt sich auch auf aus der Produktion entstandene Werke unter Verwendung analoger, digitaler oder sonstiger Bildverarbeitungsmethoden unter Wahrung des Urheberpersönlichkeitsrechts in den Grenzen von § 93 UrhG. Eingeschlossen ist ferner das Recht, die Produktion im Rahmen der jeweils gültigen Gesetze (z.B. dem Rundfunkstaatsvertrag) zu unterbrechen, zu unterteilen, um in der Unterbrechung bzw. zeitgleich im Rahmen einer Bildschirmteilung Werbespots und/oder sonstige Promotionen und/oder andere Produktionen auszustrahlen, einzufügen bzw. zu übermitteln sowie einen Werbetrenner, Sponsorhinweise sowie Corner-Grafiken und entsprechende optische und/oder akustische Hinweise bzw. Verweise vor, während und nach der Ausstrahlung bzw. Übermittlung einzublenden. Eingeschlossen ist das Recht zur Erstellung einer Website für die Produktion und hierfür die im Rahmen der Produktion geschaffenen und in dieser Anlage aufgeführten Rechte zu nutzen und die Website mit Hilfe von Werbeeinblendungen (Bannern) zu vermarkten.

8. Das Synchronisations- und Untertitelungsrecht, d.h. das Recht, die Leistungen und die Produktion selbst oder durch Dritte, ganz oder teilweise, beliebig oft in

allen Sprachen zu synchronisieren, neu- oder nachzusynchronisieren, zu untertiteln und zu kommentieren sowie Voice-over-Fassungen herzustellen und solcherart hergestellte Produktionen und Sprachfassungen in gleichem Umfange auszuwerten, wie die vertragsgegenständliche Produktion. Mit erfasst ist das Recht, die originale Filmmusik oder den Originalfilmton ganz oder ausschnittweise in demselben Umfang auszuwerten. Mit eingeschlossen ist das Recht, die hergestellte oder in Herstellung befindliche Produktion auch durch Dritte neu- bzw. nachsynchronisieren zu lassen, und zwar in allen Sprachen.

9. Das Tonträgerrecht, d.h. das Recht zur Verwertung der Leistungen und der fertig gestellten Produktion durch Herstellung, Vervielfältigung und Verbreitung von analogen und digitalen Tonträgern aller Art in beliebigem Umfang und beliebiger Zahl (z.B. Schallplatten, Bandkassetten oder sonstigen Tonträgern oder Soundfiles einschließlich der genannten Sendemöglichkeiten sowie unter Einschluss aller Systeme und aller Konfigurationen (Single, Maxi-Single, LP, CD, EP, Music-on- Demand, Album, Compilations und Samples), und zwar mit oder ohne Bezug zu den Leistungen und/oder der Produktion, und diese Ton-, Bildton- und Datenträger öffentlich wahrnehmbar und zugänglich zu machen und wie die Produktion auszuwerten. Hierunter fallen auch die Rechte an Musikvideos oder Multimediaanwendungen (insbesondere, aber nicht nur, Hörspiele und Hörbücher) oder sonstigen filmischen Bearbeitungen der Produktion, die unter vollständiger oder teilweiser Verwendung des Soundtracks (Tonspur) der Produktion und/oder des Originaltons der Produktion oder durch Nacherzählung, Neugestaltung oder sonstige Anlehnung an den Inhalt der Produktion erfolgen, sowie das Audio-spin-off-Recht (d.h. das Recht, Charaktere, Handlungen und Tonelemente der Produktion mit neuen bzw. anderen Inhalten im Rahmen von Audioprodukten zu verbinden), einschließlich des Rechts, diese Ton-, Bildton- und Datenträger in gleichem Umfang wie die Leistungen und die Produktion selbst auszuwerten, insbesondere das Recht, derartige Tonträger durch Funk, Kabel oder Internet zu senden oder grafisch und in sonstiger Weise (auch zum Download, etwa über iTunes, Musicload etc.) öffentlich wahrnehmbar und zugänglich zu machen. Mit umfasst ist das Recht zur Auswertung der Leistungen, der Produktion und/oder Teile davon als Klingelton (auch Überspielung etwa über WAP-Link, SMS, MMS, WAP, GPRS, Infrarot-Verbindung, Bluetooth-Verbindung, WLAN-Verbindung, Kabel-Verbindung, Übertragung per Speicherkarte, USB oder serielle Kabelverbindung zum PC). Eingeschlossen ist das Recht, für die Ton-, Bildton- und Datenträger in beliebigem inhaltlichen, räumlichen und zeitlichen Umfang zu werben.

10. Das Merchandisingrecht, d.h. das Recht zur kommerziellen Auswertung der Leistungen bzw. der fertig gestellten Produktion und Bearbeitungen der Produktion durch die Herstellung und Verbreitung von Waren aller Art über alle Vertriebswege insbesondere, aber nicht ausschließlich, in den Bereichen Bekleidung, Textil, Accessoires, Sportartikel, Haushalts-, Bad- und Küchenwaren, Spielzeug/ Spielwaren, Nahrungsmittel, Genussmittel, Promotion, Präsentation, Audio (z.B. Hörspielkassetten), Musik (z.B. Tonträger, Soundtrack, Titelsongs etc.) und Print (z.B. Comics, Buch zum Film/zur Serie) und/oder die Vermarktung von Dienstleistungen aller Art, die unter Verwendung von Vorkommnissen, Namen, Titeln, Figuren, Abbildungen oder sonstigen Zusammenhängen, die in einer Beziehung zu der Produktion stehen (insbesondere und beispielsweise im Hinblick auf die Verwendung bei Themenparks), einschließlich des Rechts, die Leistungen und die Produktion ganz oder teilweise durch Herstellung und Vertrieb von Spielen/ Computerspielen einschließlich interaktiven Computerspielen und/oder sonstigen Multimedia- Produktionen auszuwerten, insbesondere, aber nicht nur, für sogenannte Games für alle Plattformen (Sony, Nintendo, X-Box, PC, DS, etc.) sowie unter Verwendung derartiger Elemente oder durch Verwendung bearbeiteter oder unbearbeiteter Ausschnitte aus den Leistungen und der Produktion für Waren und Dienstleistungen jeder Art zu werben.

11. Das Drucknebenrecht, d.h. das Recht zur Herstellung, Bearbeitung, Vervielfältigung, Verbreitung und Bewerbung von bebilderten oder nicht bebilderten Büchern, Heften, Comics, sonstigen Büchern-zum-Film, Electronic Press Kits, analogen und digitalen Bild-/Ton-/Datenträgern einschließlich Audio- und Videotext etc., welche aus den Leistungen und/oder der Produktion durch Wiedergabe oder Nacherzählung der Filminhalte – auch in abgewandelter oder neu gestalteter Form – oder durch fotografische, gezeichnete, gemalte Abbildungen oder Ähnliches abgeleitet sind, einschließlich des Rechts, eine Romanfassung der Produktion herzustellen sowie zu vervielfältigen und zu verbreiten (sogenannte Novelisation), und zwar auch, wenn diese Erzeugnisse ohne Beteiligung des VP erstellt werden. Dieses Recht umfasst auch die Befugnis, Abbildungen des Vertragspartners in diesen Druckschriften und sonstigen Werbemaßnahmen zu vervielfältigen und zu verbreiten.

12. Die sonstigen »Multimedia-Rechte« zur Nutzung und Verwertung der Leistungen und der fertig gestellten Produktion sowie Teilen davon im Zusammenhang mit analogen, digitalen, optischen oder sonstigen Speicher- und Übertragungstechniken, insbesondere im Bereich des Pay-TV, Pay-per-View, Video-on-

Demand, Abrufdiensten, Push-Diensten, Online-Diensten, Internet etc., auch in Verbindung mit Computerprogrammen, Datenbanken, Tonträgern/Bildton-trägern, Video-, Computer- und anderen Spielen oder sonstigen Anwendungen (Bildschirmschoner, Wallpaper, Animationen etc.). Erfasst ist auch die Verwen-dung der Leistungen, der Produktion sowie Teilen davon zu Multimedia-Anwen-dungen und/oder -produkten, bei denen Texte, Bilder, Musik, Film- und/oder Videomaterial, Daten etc. zu neuen Werken zusammengestellt werden sowie im Zusammenhang mit interaktiven Medienanwendungen und -nutzungen, bei de-nen Endverbraucher, Teilnehmer etc. Inhalt, Ablauf oder Reihenfolge der Verviel-fältigung, Anwendung des Produkts oder Spiels z.B. durch technische Verbindun-gen beeinflussen können.

13. Das Recht zur Werbung und Klammerteilauswertung, d.h. das Recht, die Leistungen und die Produktion vollständig oder teilweise unbearbeitet oder bear-beitet einschließlich der Originalfilmmusik bzw. dem Originalfilmton – auch als sogenannte Soundfiles, beliebig oft und uneingeschränkt ausschnittweise inner-halb anderer Bild- und/oder Tonträger einschließlich digitaler Speichermedien zu verwenden sowie im Rahmen der hier aufgeführten Nutzungsarten wie die Pro-duktion selbst auszuwerten (Klammerteilauswertung). Mit umfasst ist das Recht zur Werbung, d.h. das Recht, unter Verwendung von Vorkommnissen, Namen, Titeln, Figuren, Abbildungen oder sonstigen Zusammenhängen, die in einer Be-ziehung zu den Leistungen und der Produktion einschließlich Bild, Stimme und Namen des VP stehen, sowie durch Verwendung bearbeiteter oder unbearbeiteter Ausschnitte aus der Produktion für die Herstellung der Produktion und deren umfassende Auswertung zu werben, z.B. in Programmvorschauen, in Fernseh-sendungen, im Kino (Trailer, Teaser etc.) oder in Druckschriften (Werbeanzei-gen, Poster, Plakate, Programmankündigungen etc.). Eingeschlossen ist das Recht zur Herstellung, Vervielfältigung und Verbreitung von Inhaltsdarstellungen und sonstiger kurzer Druckwerke mit einer Länge von bis zu 10.000 (zehntausend) Worten zum Zwecke der Werbung und Öffentlichkeitsarbeit im Zusammenhang mit der Herstellung und Auswertung der Produktion in Presse, Rundfunk, Pro-grammheften und allen sonstigen Medien. Mit umfasst ist das Recht zur soge-nannten Tie-In- und Cross-Promotion-Werbung, d.h. das Recht zur Verwendung von Vorkommnissen, Namen, Titeln, Figuren, Abbildungen oder sonstigen Zu-sammenhängen, die in einer Beziehung zu den Leistungen und der Produktion einschließlich Bild, Stimme und Namen des VP stehen, sowie zur Verwendung bearbeiteter oder unbearbeiteter Ausschnitte aus der Produktion für kombinier-te Werbekampagnen mit Herstellern oder Vertreibern von Waren oder Anbie-

tern von Dienstleistungen, durch die gemeinsam für die Herstellung und/oder Auswertung der Produktion sowie für die Vermarktung dieser Waren und/oder Dienstleistungen geworben wird. Eingeschlossen ist auch das Recht, die Produktion im Ganzen oder in Teilen im Rahmen der Werbung bzw. Firmenpräsentation des Produzenten sowie sonstiger an der Herstellung und/oder Auswertung der Produktion beteiligter Dritter (Kataloge, Broschüren, Promo-Reels, Show-Cases etc.) zu verwenden und in gleichem Umfang wie die Produktion auszuwerten.

14. Das Titelrecht, d.h. das Recht, den Titel der Leistungen und/oder der Produktion in gleichem Umfang auszuwerten wie die Leistungen und/oder die Produktion selbst. Eingeschlossen ist das Recht, den Filmtitel – gegebenenfalls auch nach seiner Veröffentlichung – zu verändern, zu ergänzen bzw. zu ersetzen oder für andere Produktionen zu nutzen.

15. Das Archivierungsrecht, d.h. das Recht, die Leistungen und die Produktion ganz oder teilweise zu archivieren, im Rahmen politischer und kultureller Bildungsarbeit und in Transskriptionsdiensten auszuwerten sowie zu Prüf-, Lehr-, Anschauungs- und Forschungszwecken öffentlich vorzuführen, zu senden und/oder der Öffentlichkeit zur Wahrnehmung (insbesondere, aber nicht ausschließlich, im Rahmen des World-Wide-Web) zur Verfügung zu stellen.

16. Das Festival- und Messerecht, d.h. das Recht, die Leistungen und die Produktion ganz oder ausschnittweise zur Teilnahme an Festivals, Wettbewerben, Ausstellungen etc. anzumelden sowie dort und auf (Verkaufs-)Messen und ähnlichen Veranstaltungen öffentlich vorzuführen.

17. Das Bühnen- und Radiohörspielrecht, d.h. das Recht, die Produktion oder Teile davon für eine gegebenenfalls geänderte Bühnen- oder Hörspielfassung zu nutzen, insbesondere das Recht, die Produktion oder die Leistungen zu diesem Zweck z.B. als Radiohörspiel oder Hörbuch zu vervielfältigen, zu bearbeiten, zu verbreiten, zu senden, öffentlich wahrnehmbar und zugänglich zu machen und wie die Produktion selbst auszuwerten. Eingeschlossen ist das Recht zur Nutzung der Produktion oder Teilen davon auch in Kombination mit anderen Werken – z.B. im Rahmen von Musicals, Live-Shows, Freizeit-/Themenparks, Vergnügungsveranstaltungen oder sonstigen Aufführungen oder Veranstaltungen.

18. Das Audiotext- und Teletextrecht, d.h. das Recht, die Produktion unter Nutzung der Leistungen oder Teilen davon über kostenpflichtige Telefonmehrwertdienste oder im Teletext-Segment darzustellen, zu bewerben und/oder zu

gewerblichen Angeboten zu nutzen. Damit verbunden ist das Recht, im Zusammenhang mit der Produktion Preise auszuloben, Ausschreibungen zu veranstalten und Gebühren zu verlangen und zu vereinnahmen. Die Produktion kann zur Bewerbung dieser Angebote mit entsprechenden Hinweisen versehen werden und zur Bewerbung dieser Angebote in Ausschnitten genutzt werden. Des Weiteren können zu diesem Zweck auch nur Ton oder eine Bildfolge bzw. Standbilder genutzt werden.

19. Die urheberrechtlichen Vergütungsansprüche entsprechend der diesbezüglichen Vorschriften des Urhebergesetzes in der zum Zeitpunkt der jeweiligen Nutzung geltenden Fassung wie z.B. Verleihtantieme, Geräte- und Videokassettenabgabe, Erlöse für Kabelweitersendung im Inland und/oder einer zeitgleich oder zeitversetzten, veränderten oder unveränderten Kabelweitersendung der Produktion im Ausland (insbesondere §§ 54 ff. UrhG). Ausgenommen von der Rechtseinräumung sind allein die vom VP einer Verwertungsgesellschaft eingeräumten, aufgrund Gesetzes allein von einer Verwertungsgesellschaft wahrnehmbaren und nicht dem Produzenten einräumbaren gesetzlichen Vergütungsansprüche.

20. Mit eingeschlossen in die Rechtsübertragung nach den vorstehenden Ziffern sind das Recht, die jeweils erforderlichen Vervielfältigungsstücke selbst herzustellen und zu verbreiten und/oder durch Dritte herstellen und verbreiten zu lassen sowie die Leistungsschutzrechte des Filmherstellers gemäß § 94, 95 UrhG.

21. Das Recht zur Kabelweitersendung, d.h. das Recht, die Leistungen oder die Produktion in Kabelpilotprojekten zu nutzen und die Produktion zeitgleich und unverändert in Kabelnetzen zu verbreiten. Hierdurch erzielte Erlöse stehen dem Produzenten zu.

22. Über die vorstehenden in den Ziffern 1 bis 21 genannten Rechte und Befugnisse hinaus ist das vorliegende Rechtsverhältnis mit Wirkung für alle Urheberrechtsordnungen, die eine entsprechende Konzeption anerkennen, als »Auftragswerk« (»work made for hire«) zu verstehen. Mit Wirkung für alle Rechtsordnungen, die eine Abtretung des Urheberrechts (»Copyright Assignment«) zulassen, tritt VP dem Produzenten in Bezug auf die Verfilmung der Produktion und deren Auswertung das Urheberrecht an dem Werk ab. Der Produzent ist berechtigt, diese Abtretung in den hierfür maßgeblichen Registern (z.B. United States Copyright Office) eintragen zu lassen. Soweit dies nach den jeweiligen Rechtsordnungen zulässig ist, erklärt VP darüber hinaus einen Verzicht auf die Geltendmachung

der Urheberpersönlichkeitsrechte (»waiver of moral rights«). Darüber hinaus soll die Rechtseinräumung mit Wirkungen für alle Rechtsordnungen, die eine Rechtseinräumung auch für unbekannte Nutzungsarten zulassen, auch für derart erst zukünftig bekannt werdende Nutzungsarten gelten. Soweit diese Rechtsordnungen vorsehen, dass der Produzent als Lizenznehmer hierfür VP entsprechende Beteiligungen einzuräumen hat, verpflichtet sich der Produzent, diese Zahlungen an VP im Zeitpunkt der Nutzung des Werkes oder der Produktion in diesen, heute noch unbekannten Nutzungsarten zu leisten.

23. Die Parteien sind sich bewusst, dass einzelne der von den vorstehenden Rechtseinräumungen umfassten Nutzungsarten in ihrer zukünftigen wirtschaftlichen Bedeutung möglicherweise noch nicht vollständig eingeschätzt werden können. Da der Produzent im Hinblick auf das hohe, mit der Produktion eingegangene wirtschaftliche Risiko darauf angewiesen ist, die Produktion in Zukunft auch in allen Nutzungsarten, die heute nur technisch bekannt sein mögen, auszuwerten, erklärt sich VP ausdrücklich damit einverstanden, dass dem Produzenten Nutzungsrechte auch an heute noch unbekannten Nutzungsarten übertragen werden.

24. Die mit diesem Vertrag eingeräumten Rechte können vollständig, teilweise oder in beliebiger Kombination vom Produzenten genutzt, vom Produzenten auf Dritte übertragen oder diesen in Form einfacher oder ausschließlicher Nutzungsrechte eingeräumt werden, ohne dass es einer Zustimmung des VP bedarf. Der Produzent ist zudem berecht, eine Weiterübertragung dieser Rechte einzuräumen.

25. Bereits bei Vertragsschluss bestehende Rechte, einschließlich bestehender Anwartschaften und ähnlicher Rechte, werden mit Vertragsschluss übertragen. Zukünftig entstehende Rechte werden im Zeitpunkt ihrer Entstehung übertragen. Rechte an den vertraglich zu erbringenden Leistungen, die dem VP von Dritten übertragen werden, werden im Zeitpunkt der Übertragung vom Dritten auf den VP, von diesem auf den Produzenten weiter übertragen.

Die zuvor übertragenen Rechte können von dem Produzenten einzeln oder in beliebiger Kombination genutzt werden. Die Rechteübertragung wird wie folgt eingeschränkt: Ausgenommen von dem Erwerb durch den VP sind die von der GEMA, von der GVL oder sonstigen Verwertungsgesellschaften verwalteten Rechte, soweit der VP Vertragpartner dieser Verwertungsgesellschaften ist. Der Produzent ist berechtigt, die übertragenen Rechte ganz oder teilweise Dritten zu übertragen, diesen ausschließliche oder nicht-ausschließliche Nutzungsrechte einzuräumen oder zur Auswertung zu überlassen und/oder deren Weiterübertragung zu gestatten. Der Produzent haftet nicht für die Verletzung von Rechten des VPs bzw. die Nichteinhaltung von in diesem Vertrag enthaltenen und gegenüber dem Produzenten bestehenden Verpflichtungen durch diese Dritten.

Anhang 2: Schlussbestimmungen

Sind oder werden einzelne Bestimmungen dieses Vertrages unwirksam, so bleibt die Gültigkeit des Vertrages im Übrigen unberührt. Ungültige Bestimmungen sind einvernehmlich durch solche zu ersetzen, die unter Berücksichtigung der Interessenlage beider Parteien den gewünschten wirtschaftlichen Zweck zu erreichen geeignet sind. Entsprechendes gilt für Vertragslücken.

Änderungen und Ergänzungen dieses Vertrages bedürfen der Schriftform. Das Gleiche gilt für eine Abbedingung dieser Schriftformklausel.

Der Vertrag unterliegt dem Recht der Bundesrepublik Deutschland. Anlage 1 (Rechteanlage) ist Bestandteil dieses Vertrags. Gerichtsstand ist – soweit gesetzlich zulässig – (Ort).

Literaturempfehlungen

AG-Dok: Wegweiser Weltvertrieb – Publikation der Arbeitsgemeinschaft Dokumentarfilm und German Films, Frankfurt am Main 2010

Brehm: Filmrecht. Das Handbuch für die Praxis, 2. Auflage, Konstanz 2008

Castendyk: Die deutsche Filmförderung. Eine Evaluation, Konstanz 2008

Clevé: Investoren im Visier. Film- und Fernsehproduktionen mit Kapital aus der Privatwirtschaft, 2. Auflage, Konstanz 2000

Eickmeier/Eickmeier: Die rechtlichen Grenzen des Doku-Dramas, ZUM 1998, S. 1ff.

Erd: Film- und Fernsehrecht: Vom Drehbuch zum Film, Frankfurt am Main 2007

Götting/Schertz/Seitz: Handbuch des Persönlichkeitsrechts, München 2008

Homann: Praxishandbuch Filmrecht, 3. Auflage, Heidelberg 2009

Jacobshagen: Filmrecht im Kino- und TV-Geschäft, 3. Auflage, Bergkirchen 2008

Jacobshagen: Filmrecht – Die Verträge, 2. Auflage, Bergkirchen 2008

Klages (Hg.): Grundzüge des Filmrechts, München 2004

Loewenheim (Hg.): Handbuch des Urheberrechts, München 2003

Poll: Filmurheberrecht – Rechtsprechungssammlung und Kurzkommentar, Baden-Baden 1998

Prinz/Peters: Medienrecht, München 1999

Reupert: Der Film im Urheberrecht, Baden-Baden 1995

Schertz: Die Verfilmung tatsächlicher Ereignisse, ZUM 1998, S.757

Schmidt-Matthiesen/Clevé: Produktionsmanagement für Film und Fernsehen, Konstanz 2010

Schricker: Urheberrecht Kommentar, 4. Auflage, München 2010

Schulz: Das Zitat in Film- und Multimediawerken, ZUM 1998, S. 221

Seiffert: Realität oder Fiktion – Dichtung und allgemeines Persönlichkeitsrecht, in: Festschrift zu Peter Raue, Köln 2006

von Hartlieb/Schwarz: Handbuch des Film-, Fernseh- und Videorechts, 4. Auflage, München 2004

Wendling: Filmproduktion. Eine Einführung in die Produktionsleitung, Konstanz 2008

Sachregister

UVK:Weiterlesen

Heidrun Huber
Filmrecht für Drehbuchautoren
2., überarbeitete Auflage
2010, 128 Seiten, broschiert
ISBN 978-3-86764-241-5
Praxis Film Band 63

Pressestimme zur Erstauflage:

»*Praktischer, umfassender und fundierter Ratgeber für Drehbuchautoren.*« epd Film

Ist meine Idee geschützt? Welche Rechte habe ich als Urheber des Drehbuchs? Kann ich über real existierende Personen schreiben? Darf der Produzent andere Autoren an mein Buch setzen? Was ist ein Optionsvertrag? Was folgt aus dem neuen Urheberrecht für mich?

Heidrun Huber beantwortet knapp und verständlich die wichtigsten urheber- und vertragsrechtlichen Fragen im Zusammenhang mit der Entwicklung eines Drehbuchs – angefangen von der Idee über das Exposee, das Treatment bis hin zum drehfertigen Buch.

Klicken + Blättern

Leseprobe und Inhaltsverzeichnis unter

www.uvk.de

Erhältlich auch in Ihrer Buchhandlung.

UVK Verlagsgesellschaft mbH